세상에서
가장 **특별한** 새
이야기

배경지식을 넓혀 주는 감동 다큐 스토리
세상에서 가장 특별한 새 이야기

초판 1쇄 찍은 날 | 2019년 9월 5일
초판 1쇄 펴낸 날 | 2019년 9월 10일

지 은 이 | 박안나, 박상재
그 린 이 | 전인숙

펴 낸 곳 | 창의력발전소 • (주)수경출판사
펴 낸 이 | 박영란
편　　집 | 박선진
디 자 인 | 박지영, 전찬우
영업총괄 | 임순규, 이석근, 손형관
제작·물류 | 조인호, 김현주
인　　쇄 | (주)교보피앤비

등록번호 | 제2013-000088호
주　　소 | 서울시 영등포구 양평로 21길 26(양평동 5가) IS비즈타워 807호(우 07207)
대표전화 | (02)333-6080
구입문의 | (02)333-7812
내용문의 | (02)6968-1550
팩　　스 | (02)333-7197
홈페이지 | http://www.book-sk.kr

ISBN 979-11-6240-182-8 73900
ISBN 978-89-5926-780-4 (세트)

*이 책은 저작권법에 따라 한국 내에서 보호받는 저작물이므로, 무단 전재와 무단 복제를 일절 금합니다.
*페이지가 누락되었거나 파손된 책은 사용 여부에 관계없이 구입하신 곳에서 즉시 교환해 드립니다.

〈사진 출처〉
GettyimagesBank: 75쪽, 157쪽 오래된 종이 배경
트위터 홈페이지 캡처: 23쪽 트위터 시작 화면
애니팡 시작 화면 캡처: 123쪽 애니팡
Wikimedia Commons: 6쪽 봉황, 24쪽 버락 오바마, 26쪽 비둘기(Aomorikuma), 31쪽 미켈란젤로의 〈대홍수〉, 36쪽 노아의 방주, 37쪽 아라라트 산(Kohrvirab, MrAndrew47), 50쪽 상단 오스카 와일드, 50쪽 하단 〈행복한 왕자〉 삽화, 51쪽 제비(Aviceda), 54쪽 갈라파고스 핀치, 64쪽 찰스 다윈, 65쪽 왼쪽 갈라파고스 거북(David Adam Kess), 65쪽 가운데 갈라파고스 이구아나(Datune), 65쪽 오른쪽 갈라파고스 펭귄(Aquaimages), 66쪽 여러 종류의 핀치, 68쪽 〈미운 오리 새끼〉 삽화, 80쪽 상단 안데르센, 80쪽 하단 왼쪽 안데르센 생가, 80쪽 하단 오른쪽 안데르센 기념관, 81쪽 상단 인어공주 동상, 81쪽 하단 안데르센과 미운 오리 새끼 동상, 82쪽 안데르센의 종이 작품, 84쪽 알바트로스(JJ Harrison), 94쪽 골프를 치는 아이들, 96쪽 진 사라센, 98쪽 카나리아(Juan Emilio), 109쪽 상단 라스팔마스, 109쪽 하단 왼쪽 테이데 산봉우리, 109쪽 하단 오른쪽 파파가요 해변, 110쪽 브라질 축구 국가 대표 선수들, 112쪽 왼쪽 홍관조(Whaledad), 112쪽 가운데 바다직박구리(jose maria carretero palacios), 112쪽 큰부리새(Basa Roland), 122쪽 초기 모바일 게임, 124쪽 왼쪽 앵그리 버드 영화 포스터, 124쪽 오른쪽 앵그리 버드 테마 파크(Juho Paavisto), 126쪽 흰머리 독수리(Peter K Burian), 130쪽 독립 선언 조인식, 135쪽 미국의 국장, 136쪽 보스턴 차 사건 기념 우표, 137쪽 미국 독립 선언문, 138쪽 상단 까치(Bengt Nyman), 138쪽 하단 아퀼라, 140쪽 콘라드 로렌츠, 150쪽 노벨상, 151쪽 니콜라스 틴베르헨과 콘라드 로렌츠, 152쪽 포로 수용소에서의 콘라드 로렌츠, 154쪽 왼쪽 백조, 154쪽 오른쪽 흑조, 164쪽 〈밤의 발레〉 속 루이 14세(Henri de Gissey), 165쪽 왼쪽 에드가 드가의 발레 수업, 165쪽 오른쪽 에드가 드가의 발레 스타, 166쪽 상단 〈잠자는 숲속의 미녀〉 초연 모습, 166쪽 하단 〈호두까기 인형〉 초연 모습, 168쪽 수탉과 암탉(Andrei Niemimäki), 178쪽 상단 무료 급식소에 줄을 선 사람들, 178쪽 하단 프랭클린 루스벨트, 179쪽 할랜드 샌더스, 180쪽 커넬 할랜드 샌더스의 초상화

배경지식을 넓혀 주는 감동 다큐 스토리 　초등

세상에서
가장 특별한 새
이야기

글 박안나, 박상재　그림 전인숙

창의력 발전소　수경출판사

 배경지식을 넓혀 주는 감동 다큐 스토리

'세상에서 가장 특별한 이야기'

■

'세상에서 가장 특별한 이야기'는
우리 주위에서 흔히 볼 수 있는 동물이나 사물이
사람들의 삶, 인류의 역사 속에서 어떤 특별한 역할을 했는지
실화를 바탕으로 재미있는 이야기로 만들었습니다.

■

'세상에서 가장 특별한 이야기'는
책을 읽으면서 그 안에 담긴 다양한 정보와 지식을
함께 익힐 수 있어, 인문·사회·과학 기술 등 다양한 분야에
대한 배경지식을 쌓을 수 있습니다. 따라서 폭넓은 사고와 풍부한
감성이 자연스럽게 길러져 창의력 높은 인재로 자라게 됩니다.

■

'세상에서 가장 특별한 이야기'는
내용의 이해를 돕는 아름다운 그림과 실제 사진을 수록하여
글의 내용이 더욱 더 깊은 감동으로 다가옵니다.

〈세상에서 가장 특별한 새 이야기〉

〈세상에서 가장 특별한 새 이야기〉에는 다양한 콘텐츠로 탄생되어 전 세계 사람들의 사랑을 받는 새 이야기, 문학의 소재가 된 새 이야기, 종교와 역사와 관련된 새 이야기, 예술 작품의 소재가 된 새 이야기, 과학적 발견에 도움을 준 새 이야기 등 여러 가지 새 이야기가 등장합니다.

새 시대의 우편부가 되어 버린 트위터, 인류에게 새로운 희망을 준 비둘기, 세상을 따뜻하게 한 왕자와 제비의 우정, 다윈의 진화론을 낳은 갈라파고스 핀치, 문학계의 미운 오리 새끼 안데르센, 거위들의 아버지 콘라드 로렌츠, 모바일 게임의 교과서 앵그리 버드······.

◉ **세상에서 가장 의미 있고 특별한 새 이야기**

다양한 시대와 지역에서 사람들의 입에 자주 오르내리는 새에 관한 특별한 이야기를 읽다 보면, 전 세계의 역사와 문화에 대한 이해도 깊어지고 독특한 생활 모습도 엿볼 수 있습니다.

◉ **감동적인 이야기에 녹아 있는 '배경지식'과 심화 정보 '다큐＋'**

흥미로운 이야기를 읽으면서 자연스럽게 익힌 정보는 한눈에 볼 수 있게 핵심 정보만 따로 모아 '배경지식'으로, 깊이 있는 상세 정보나 재미있는 뒷이야기는 '다큐＋'로 구분하여 정리하였습니다.

세상에서 가장 특별한 새 이야기

예로부터 새는 인간과 무척 가까웠어. 하늘을 날 수 없었던 사람들은 새를 무척이나 동경했지. 그런 이유 때문이었을까? 세계 여러 나라에는 새에 관한 신화가 전해져 오고 있어.

아시아 지역의 신화에는 '봉황'이라는 새가 자주 등장해. 봉황은 수컷을 의미하는 '봉'과 암컷을 의미하는 '황'이 합해진 말로 어진 임금이 나타나거나 태평성대일 때 볼 수 있다는 아름답고 길한 새야.

또 영원히 죽지 않아 불사조라 불리는 이집트의 '피닉스'도 있어. 피닉스는 독수리만한 크기에 황금빛 깃털을 갖고 있으며 우는 소리가 아름답다고 해. 아라비아 사막에 살며 500~600년마다 스스로의 몸을 불태워 죽고 그 재 안에서 다시 살아난다는 전설상의 새로, 영원불멸의 상징이지.

봉황

새에 대한 흥미로운 이야기는 동화에도 자주 등장해. 1908년 벨기에의 작가 마테를링크가 지은 〈파랑새〉는 가난한 나무꾼의 아이인 틸틸과 미틸 남매가 꿈속에서 요정들과 함께 추억의 나라, 밤의 궁전, 숲 속, 미래의 나라 등으로 파랑새를 찾으러 다닌다는 이야기야.

　이웃집 사람들이 크리스마스 파티를 즐기는 모습을 바라보며 부러워하는 두 아이에게 요술쟁이 할머니가 찾아와서 아픈 딸을 위해 파랑새를 찾아 달라고 부탁하는 것으로 이야기가 시작돼. 남매와 요정들은 파랑새를 찾아 밤새 여러 곳을 헤맸지만 어디에서도 파랑새를 찾을 수가 없었지.

　하지만 꿈에서 깨어나 보니 그토록 찾아다녔던 파랑새는 바로 머리 맡 새장 속에 있었어. 작가는 이를 통해 진정한 행복은 멀리 있지 않고 가까이에 있음을 이야기하고 싶었던 거야.

　지금부터 새들에 대한 여러 가지 이야기가 펼쳐질 거야. 어떤 새들인지 궁금하지? 그럼 틸틸과 미틸이 파랑새를 찾으러 떠났듯이 이야기 속으로 새처럼 훨훨 날아 들어가 봐. 이야기를 다 읽고 나면 나뭇가지에 앉아 있는 새 한 마리도 아주 특별하게 보일 거야.

차례

1. 새 시대의 우편부가 되어 버린 새, **트위터** ·········· 11
   - **배경 지식** : 소셜 네트워크 서비스 ············· 22
   - **다큐 +** : 누가 우리나라에서 팔로워 수가 가장 많을까? ········· 24

2. 인류에게 새로운 희망을 준 **비둘기** ··········· 25
   - **배경 지식** : 노아의 방주와 대홍수 ············ 36
   - **다큐 +** : 마술사들이 흰 비둘기를 애용하는 이유는 무엇일까? ···· 38

3. 세상을 따뜻하게 한 **왕자와 제비의 우정** ·········· 39
   - **배경 지식** : 행복한 왕자와 제비 ············· 50
   - **다큐 +** : 우체국의 상징은 왜 제비 모양일까? ········ 52

4. 다윈의 진화론을 낳은 **갈라파고스 핀치** ·········· 53
   - **배경 지식** : 다윈의 진화론 ·············· 64
   - **다큐 +** : 진화론은 진화하고 있다고? ·········· 66

5. 문학계의 미운 **오리 새끼, 안데르센** ·········· 67
   - **배경 지식** : 안데르센의 일생과 동화 ··········· 80
   - **다큐 +** : 안데르센의 생일에는 특별한 의미가 있다고? ······· 82

6. 필드 위의 **알바트로스, 진 사라센** ·········· 83
   - **배경 지식** : 골프는 어떤 운동일까? ··········· 94
   - **다큐 +** : 버디, 이글, 알바트로스의 공통점은 무엇일까? ······· 96

7. 위험을 경고하는 새, **카나리아** ·········· 97
   - **배경 지식** : 카나리아 새와 카나리아 제도 ·········· 108
   - **다큐 +** : 축구장에서 카나리아 군단을 볼 수 있다고? ·········· 110

8. 모바일 게임의 교과서, **앵그리 버드** ·········· 111
   - **배경 지식** : 빠르게 발전하는 모바일 게임 ·········· 122
   - **다큐 +** : 스마트폰을 벗어나 활약 중인 앵그리 버드 ·········· 124

9. 세계 초강대국인 미국의 상징, **흰머리 독수리** ·········· 125
   - **배경 지식** : 아메리카의 독립과 미국의 탄생 ·········· 136
   - **다큐 +** : 독수리는 역사 속에서 어떤 상징성을 가질까? ·········· 138

10. **거위**들의 아버지, **콘라드 로렌츠** ·········· 139
    - **배경 지식** : 세계 최고 권위를 자랑하는 노벨상 ·········· 150
    - **다큐 +** : 로렌츠의 관심을 끈 또 다른 동물은 무엇일까? ·········· 152

11. 러시아 발레의 선구자, **차이콥스키의 백조의 호수** ·········· 153
    - **배경 지식** : 무대 위의 종합 예술, 발레 ·········· 164
    - **다큐 +** : 러시아 궁정에서 인기 있는 발레 음악은 무엇일까? ·········· 166

12. 전 세계의 사랑을 받는 **닭, KFC** ·········· 167
    - **배경 지식** : 켄터키 프라이드치킨의 탄생 ·········· 178
    - **다큐 +** : 커넬 할랜드 샌더스가 된 까닭은 무엇일까? ·········· 180

세상에서 가장 특별한 새 이야기

1

새 시대의 우편부가 되어 버린 새,
트위터

새로운 소식이 올 때마다 트윗 트윗 하고 우는 새가 있어.
바로 소셜 네트워크 서비스의 하나인 트위터에 대한 이야기란다.
시간과 공간의 한계를 넘어 전 세계로 빠르게 소식을 전하는
트위터가 어떻게 탄생하게 되었는지 궁금하지 않니?
다양한 사람들과 수다를 떨고 싶다는 바람으로 만든 트위터가
사람의 목숨을 구하고
역사를 만들어 가는 모습을 살펴볼까?

'아침에 까치가 울면 좋은 소식이, 밤에 까마귀가 울면 나쁜 소식이 있을 징조다.'라는 말이 있어. 또한 우체국을 상징하는 기호에는 새 모양이 새겨져 있지. 예로부터 새는 소식을 전하는 것과 관련이 깊었나 봐.

우리나라만 그런 줄 아니? 전 세계적으로 우편부 역할을 하는 새가 있다고 해. 진짜 새는 아니고 새의 모습을 하고 '지저귀다'라는 뜻을 가진 '트위터'야. 140글자 안에서 재잘거리듯이 하고 싶은 말을 그때그때 짧게 올릴 수 있는 공간으로, '지구인들의 수다방'이라는 별명을 가진 SNS(Social Network Service)란다. 공동의 관심사를 가진 다양한 국적의 친구를 사귈 수 있고 빠른 정보 전달을 가능하게 한 트위터 속으로 들어가 볼까?

트위터 로고

트위터를 개발한 에반 윌리엄스는 모험정신이 뛰어난 미국의 청년 사업가였어. 그는 개념이 명확하지 않았던 블로그의 표준이 된 시스템을 개발하기도 하고, 다양한 콘텐츠를 감상할 수 있는 서비스를 제공하기도 했지.

때로는 성공의 기쁨을 맛보기도 하고 때로는 실패의 좌절감을 경험하기도 하면서 끊임없이 도전하기를 멈추지 않던 어느 날, 윌리엄스는 동료들과 함께 문자 메시지처럼 짧은 글로 자신의 의견이나 생각을 공유하고 소통하는 서비스를 기획하게 되었어.

"혼자 침대에 누워서도 누군가와 수다를 떨 수 있는 SNS가 있다면 재미있을 것 같아."

윌리엄스가 오래전부터 생각해 왔던 아이디어를 친구들 앞에 털어놓았어.

"내 생각을 바로바로 전달할 수 있다면 좋지."

"그래서 '지금 이 순간'을 함께 나눌 수 있는 서비스를 만들어 볼까 해. 전화번호나 이메일 주소만으로 어렵지 않게 가입할 수 있고, 쉽게 친구를 사귈 수 있게 하는 기능도 포함하는 거지."

"왠지 문자 메시지랑 크게 다르지 않을 것 같은데?"

동료들이 걱정하자 윌리엄스는 차분히 설명해 주었어.

"문자 메시지는 전화번호를 아는 사람과 일대일로만 이야기를 주고받지만, 내가 생각하는 SNS는 달라. 불특정 다수의 새로운 사람과 의견을 나눌 수 있는 서비스지. 예를 들어 새라는 단어를 검색창에 쳤다고 해봐. 그럼 새라는 단어가 포함된 이야기는 모두 창에 드르륵 뜨는 거야. 이렇다면 새라는 단어 하나로 전 세계 사람들과 이야기를 나눌 수 있지 않겠어?"

"기발하네! 그렇게 되면 자신의 관심 분야에 대해서 신나게 수다를 떨 수 있겠군. 그럼 이 서비스 이름을 '수다쟁이'라고 하는 게 어때?"

"그건, 별로야. 수다쟁이는 시끄러운 느낌이 들거든. 게다가 글이 한없이 길어지면 지루할 테고 말이야."

"아예 문자 메시지처럼 한 번에 쓸 수 있는 글자 수를 정해 주는 게 좋겠어. 140자 정도로 제한해 버리면 되지 않을까?"

"그럼 수다쟁이 말고 '트위터'로 하자. 참새들이 재잘대는 소리처럼 유쾌한 수다라는 느낌이 들게 말이야."

"참새들의 지저귐? 좋아! 트위터 시작 화면에 새 이미지를 넣자고. 그래서 옛날에 우편부 역할을 했던 비둘기처럼 보이게 하는 거지."

"하지만 사람들이 할 일 없이 수다 떠는 걸 좋아할까?"

"좋아할 것 같은데. 나는 바쁜 와중에도 외로움을 느끼거든. 사람이라면 누구나 종종 외로움을 느끼는 때가 있잖아. 자기 얘기를 하고 싶어 하는 사람은 얼마든지 있을 거라고."

"그럼 어떤 사람의 생각이나 이야기가 좋아져서 계속 보고 싶다면, 지속적으로 관계를 유지해 갈 수 있도록 만들어 주자."

"좋은 생각인데. 내가 관심이 있는 사람의 글을 즐겨 찾고 싶다면 '팔로잉(following)'해 두고, 내가 팔로잉한 사람에게 나는 '팔로워(follower)'가 되는 거지."

세 사람은 그렇게 6개월 동안 트위터 개발에 몰두했고 마침내 2006년 3월, 새로운 SNS인 트위터를 세상에 내놓았어. 처음에는 반응이 그다지 좋지 않았지만, 꽤 괜찮다는 입소문이 나면서 사람의 목숨을 구하거나 한 나라의 역사를 뒤집는 일까지 해냈단다.

2011년 3월 11일, 일본 후쿠시마 지역에 큰 지진으로 인한 해일이 들이닥쳤을 때였어.

"살려 주세요. 해일이, 해일이 온 도시를 휩쓸고 있어요!"

평화롭던 마을에 갑자기 해일이 밀어닥치자 사람들은 어쩔 줄 몰랐어. 순식간에 집과 건물들이 바닷물에 잠기고, 거대한 물결에 자동차와 기차가 장난감처럼 둥둥 떠내려갔지. 미처 대피하지 못한 사람들은 그대로 거센 물살에 휩쓸려 죽어갔단다.

그즈음 영국 런던에 살고 있던 일본인 청년이 뉴스 속보로 이 소식을 알게 됐어.

"후쿠시마 지역에 쓰나미가 발생했다고? 거기는 어머니의 보육원이 있는 곳인데!"

청년은 곧 어머니가 계신 보육원에 전화를 했지만 아무도 전화를 받지 않았어. 그 시각 어머니는 아이들을 데리고 건물 옥상으로 겨우 피신해서 어쩌면 마지막이 될지도 모를 문자를 남기고 있었지.

「아들아, 마지막 인사를 남긴다. 온 마을이 물바다로 변해 모든 기능이 마비됐단다. 구조가 어려울지도 모르겠구나.」

다행히 어머니가 보낸 메시지는 받아볼 수 있었지만, 아무것도 할 수 없는 아들은 휴대 전화를 손에 쥐고 발만 동동 굴러야 했어.

"아! 누가 어머니를 도와 드려야 할 텐데. 무슨 방법이 없을까?"

아들이 절망에 빠진 사이, 트위터에는 트윗! 트윗! 후쿠시마에 대한 새로운 소식이 계속 올라오고 있었어.

"그래. 트위터를 이용해 보자."

「후쿠시마의 장애 아동 보육원에서 일하시는 어머니가 지금 아이들과 함께 마을 센터에 고립되어 있습니다. 도와 주세요!」

아들이 간절한 마음으로 기도하는 사이, 영국에서 올린 트윗은 순식간에 전 세계로 퍼져 나갔어.

「후쿠시마 근처에 사는 분 안 계세요?」

「누가 구조대에 좀 알려 주세요!」

「도쿄 소방대에도 전화를 해 봤는데 도무지 연결이 안 되네요.」

수백 명의 사람들이 짤막한 글과 함께 리트윗(팔로잉하는 사람의 트윗에 공감한 내용이 있을 때 그것을 자신의 팔로워에게 전달하는 일)했던 거야. 마침내 9시간 뒤 아들의 간절한 트윗은 도쿄의 부지사 나오키에게도 전달되었어.

"이런! 보육원 아이들이 갇혀 있다고?"

부지사는 바로 재해 대책 본부에 빠른 구조를 부탁했고, 구조대는 헬기를 타고 현장으로 이동했어. 그리고 마을 센터 옥상에 고립되어 있던 보육원 아이들 71명과 함께 모두 447명의 사람들을 죽음의 공포에서 구출했지. 트위터를 통해 전파된 소식이 위기에 빠진 소중한 생명들을 구한 거야.

2011년에는 트위터가 한 나라의 역사를 바꾸기도 했어. 바로 북아프리카 지역의 튀니지에서 있었던 일이란다.

부패한 튀니지 경찰은 걸핏하면 길거리에서 장사하는 사람들에게 자릿세를 요구하곤 했어. 하지만 거리에서 과일을 팔던 한 청년은 그런 부당한 일을 견딜 수 없었지.

"하루 이틀도 아니고 왜 우리가 당신들에게 돈을 바쳐야 하지요? 당신들은 나라에서 봉급을 주잖아요. 우리들은 이 물건을 모두 팔아도 당장 먹고살기도 힘들다고요!"

청년이 항의하자 경찰은 다른 상인들에게 본때를 보이려고 물건을 몽땅 가져가 버렸지 뭐야.

"그건 제 전 재산입니다. 손수레를 돌려주세요!"

그러나 그에게 돌아온 것은 경찰의 무지막지한 폭행뿐이었어. 너무 억울한 일을 당한 청년은 이 부당한 사실을 널리 알리기 위해 거리에서 스스로 죽음을 택했지.

그러자 튀니지 정부는 청년의 죽음으로 국민들이 동요하는 것을 막기 위해 언론을 통제하고 이 사건이 알려지지 못하게 막았단다. 하지만 바로 그 날, 청년의 죽음을 현장에서 직접 보았던 사람들은 돌아가는 상황이 이상하기만 했지.

"아니, 정부는 왜 가만히 있지? 청년의 죽음이 아무렇지도 않다는 거야?"

"이건 말도 안 돼. 부패한 경찰 때문에 꽃다운 청년이 목숨을 버렸는데……. 이 사실을 제대로 알려야 해!"

말도 안 되는 일이 벌어진 것에 화가 난 사람들은 청년의 죽음을 트위터를 통해 알리기 시작했어.

「부패한 경찰과 정부를 몰아내자!」

「나라의 주인인 시민의 권리를 찾기 위해 거리로 나가자!」

「지금 가만히 있으면 안타까운 청년의 일이 다음번에는 내 일이 될 것이다!」

트위터를 타고 튀니지 전역의 여론이 들끓기 시작했어. 급한 마음에 튀니지 정부는 학생들의 등교를 막고 시민들의 야간 통행을 금지시켰지만, 민주화 바람을 막을 수는 없었지.

억울한 청년의 편에 서기는커녕 부패한 경찰을 싸고돌고 시민들을 탄압하는 독재 정권에 분노한 튀니지 국민들은 거리로 뛰쳐나와 외쳤어.

"독재자는 물러나라!"

"민주주의 만세!"

"이대로는 못 살겠다. 대통령은 책임지고 물러나라!"

사람들은 성난 시위대의 사진을 찍어 트위터에 올렸어.

그렇게 튀니지의 민주화 운동 소식은 전 세계로 빠르게 퍼져 나갔고, 결국 튀니지 대통령은 국민들에 의해 자리에서 밀려나 망명길에 올랐단다.

그뿐 아니라 튀니지에서 시작된 민주화 운동은 트위터를 타고 주변국에도 영향을 미쳤어. 서아시아 지역의 여러 나라에서 군사 독재 정권에 맞선 민주화 요구가 거대한 물결처럼 일어난 거야. '작은 새의 지저귐'이 어느새 사람들의 꿈과 희망을 전달하는 메신저 역할을 하게 된 셈이지.

트위터는 전 세계적으로 약 3억 9천 9백만 명(2016년 기준)이 넘는 사용자가 끊임없이 이야기를 나누는 세계적인 소셜 네트워크 서비스로 성장했어. 트위터라는 인터넷 새가 트윗 트윗 울면서 지구촌 사람들에게 소식을 물어다 주는 우편부 역할을 하고 있는 거야.

소셜 네트워크 서비스

1. 소셜 네트워크 서비스(Social Network Service: SNS)의 발전

소셜 네트워크 서비스(SNS)는 인터넷상에서 사용자 간의 자유로운 의사소통과 정보 공유, 유대 관계 확대 등을 통해 사회적 관계를 생성하고 강화해 주는 서비스를 말해. 트위터(Twitter), 인스타그램(Instagram), 페이스북(Facebook) 등이 대표적이지.

개인 스스로를 표현하고자 하는 욕구가 강해지면서 사람들 사이의 사회적 관계를 맺고, 친분 관계를 유지시키는 소셜 네트워크 서비스 또한 발달하고 있어.

다양한 SNS

우리나라의 소셜 네트워크 서비스는 3단계에 걸쳐 크게 발전했어. 1단계로, 1990년대 월드 와이드 웹(World Wide Web) 인터넷 서비스가 제공되면서 기술적으로 소셜 네트워크 서비스가 발전했어. 2단계로, 1999년 시작된 미니 홈페이지 싸이월드 이후로 소셜 네트워크 서비스 이용자가 눈에 띄게 늘어났어. 마지막으로 스마트폰 이용자의 증가, 무선인터넷 서비스의 확장에 힘입어 소셜 네트워크 서비스 이용자가 급증하고 있어.

특히 소셜 네트워크 서비스를 통하여 최신 정보를 찾고 이를 활용하는 사람들이 많아지면서 발전 속도가 빨라졌는데, 대부분 아는 사람으로 연결되어 있는 특성상 일반 검색을 통해 찾는 정보보다 친구의 추천으로 공유하는 정보가 신뢰성이 높고 또 간결하게 전달되기 때문이야.

한편, 대한민국에서는 우리말 다듬기의 일환으로 소셜 네트워크 서비스 대신 누리 소통망이라는 용어를 사용하자고 장려하고 있어.

2. 트위터가 빠르게 성장할 수 있었던 까닭은 무엇일까?

트위터의 빠른 성장에는 몇 가지 이유가 있어.

첫 번째로, 자신이 사용하는 언어가 무엇이든지 간에 트위터를 사용하는 데 아무 제한이 없어. 글자 수만 140자를 넘지 않으면 돼.

두 번째로, 트위터는 컴퓨터보다 스마트폰 등의 모바일 기기에 적합해. 실제 트위터 이용자 중 컴퓨터를 통해 트위터를 이용하는 사람의 수는 20%에 불과하고 나머지 대다수의 사용자들이 모바일 기기로 트위터를 이용하고 있다는 통계 자료가 이를 뒷받침해 주고 있단다.

세 번째로, 간단하고 손쉽게 서비스를 이용할 수 있어. 홈페이지에 접속해서 이름과 개인 트위터의 웹페이지 주소로 이용될 사용자명, 비밀번호, 전자 우편 주소만 입력하면 바로 시작할 수 있지. 가입한 후에는 화면 위쪽에 있는 '사람 찾기'에서 사용자 이름을 검색해서 자유롭게 의사소통할 수 있어.

마지막으로, 내가 팔로잉한 상대가 자신의 트위터에 쓴 글은 내 트위터에도 실시간으로 등록된다는 점이야. 이 과정에서 팔로잉한 상대의 허락이 필요하지 않기 때문에 자기가 관심 있는 상대의 글을 실시간으로 내 트위터에서 보는 데 제한이 없는 거지. 실제로 김연아 선수가 트위터를 사용한다는 사실이 알려지면서 우리나라에서 폭발적인 관심을 끌었다고 해.

🌸 다양하게 이용되고 있는 트위터

트위터는 140자의 글로 '격의 없는 대화'를 할 수 있다는 장점을 바탕으로 정치권에서 큰 영향력을 행사하고 있어. 미국의 전 대통령인 버락 오바마는 대선 과정에서 자신의 정책을 알리고 유권자의 의견을 수용하는 등 선거에서 승리하는 데 트위터를 이용한 홍보 효과를 톡톡히 본 것으로 알려져 있어.

트위터를 잘 활용한 정치인으로 손꼽히는 버락 오바마

또한 기업들도 트위터를 새로운 마케팅 수단으로 활용하면서 제품 홍보나 고객 불만을 접수하는 창구 등으로 이용하고 있어.

🌸 누가 우리나라에서 팔로워 수가 가장 많을까?

팔로워 수가 많다는 것은 그만큼 많은 관심을 받는 사람이라는 뜻이야. 그렇다면 우리나라에서 가장 주목받고 있는 사람은 누구일까? 바로 아이돌 그룹인 방탄소년단이라고 해.

트위터 코리아에 따르면 2011년 1월 18일 트위터에서 공식적으로 한국어 서비스를 시작한 후 방탄소년단의 트위터 계정은 한국인 중 처음으로 1000만 팔로워를 넘었어(2017년 11월 13일 기준). 또한 방탄소년단은 전 세계 트위터에서 가장 많이 리트윗된 계정으로 2018년 기네스북에 오르기도 했지.

세상에서 가장 특별한 새 이야기

2

인류에게 새로운 희망을 준
비둘기

비둘기는 편지를 전달하고 전쟁에도 동원될 만큼
인간 생활과 떼려야 뗄 수 없는 새였어.
하지만 그 수가 너무 많아져 골칫거리가 되었지.
지금은 비록 천덕꾸러기 신세지만,
비둘기가 희망의 상징이 된 맨 처음이 궁금하지 않니?
그 시작은 대홍수의 난 때
활약한 비둘기에서 살펴볼 수 있단다.

 사람들은 비둘기를 가리켜 평화와 희망을 상징하는 새라고 해. 올림픽에서 비둘기를 날려 보내면서 더욱더 이런 상징성을 갖게 되었지. 그렇다면 수많은 새들 가운데 왜 비둘기일까? 그 이유는 '노아의 방주' 이야기를 보면 잘 알 수 있다는데, 한번 들어보자.

"내가 왜 사람을 만들었는지 후회가 되는구나!"
　세상을 창조한 하나님은 깊은 근심에 빠지셨어. 서로 피를 흘리며 다투고 남의 것을 빼앗는 등 온갖 나쁜 짓을 하는 사람들로 세상이 가득 차 버렸거든. 하지만 그 중에 딱 한 사람, 노아만이 예외였지. 더 이상 두고 볼 수 없었던 하나님은 땅 위에 살아 있는 모든 것들을 쓸어버리기로 작정하고는 노아를 부르셨어.
　"노아야, 온 세상이 죄로 가득 찼구나. 내 이를 두고 볼 수 없어 머지않아 땅 위에 대홍수를 일으켜 살아 있는 모든 것을 집어삼키게 할 것이다. 너는 내가 일러 주는 대로 방주 한 척을 만들어라!"
　하나님은 크기와 모양, 사용할 나무까지 하나하나 방주 만드는 방법을 알려 주셨어. 방주는 꼭 뚜껑 덮인 상자처럼 생긴 배였지.
　"내 말대로 방주를 만들고 착한 동물은 일곱 쌍씩, 나머지 동물은 한 쌍씩 방주 안으로 들여라. 그리고 그들과 네가 먹을 음식도 마련해 두어야 한다. 방주 안의 생명은 대홍수에서 무사할 것이니."

노아는 하나님의 말씀을 귀담아 듣고는 집으로 돌아와 세 아들인 셈, 함 그리고 야벳에게 그대로 전했어.

"네? 길이가 135m에 너비가 23m라고요?"

"노, 높이는 14m라고요? 산처럼 거대한 방주를 만들라니……."

세 아들은 깜짝 놀랐지만 평소에 올바른 말씀만 하시는 아버지를 믿고 따랐지.

"방주 안에서 먹을 음식과 사용할 물건을 넣어 둘 창고는 물론이고 동물들이 지낼 우리도 일일이 만들어야 한단다."

노아는 가족들과 함께 산꼭대기로 올라가 하나님이 말씀하신 대로 방주를 만들기 시작했어.

"풋, 산에서 배를 만들다니. 별 희한한 꼴을 다 보겠네!"
"그러게 말일세. 하늘에 구멍이 나서 비가 쏟아질 거라고? 지금까지 큰비가 온 적이 한 번이라도 있었는가 말일세."
노아는 자신을 놀리는 사람들의 손을 붙잡고 간곡하게 말했어.
"제발 내 말을 믿게. 하나님께서 대홍수로 이 땅의 모든 것을 쓸어버리겠다고 하셨네."
하지만 아무도 노아의 말을 귀담아듣지 않았어. 노아는 엉터리 소문을 퍼트린다는 죄로 감옥에 갈 뻔했고 조롱하듯 던지는 돌에 맞은 적도 있었지. 멀리 도망쳐 버리고 싶은 마음이 들기도 했지만 금세 마음을 다잡고 방주 만드는 일에 매진하기를 반복했단다.
그러는 동안 세월이 흘러 방주는 키가 큰 나무보다 높아졌어. 여전히 비는 오지 않았지만 말이야.

마침내 방주가 완성되자 노아와 가족들은 음식과 필요한 것들을 차곡차곡 챙겼어. 밤이 되면 새로운 세상에 필요한 지식을 익히느라 정신이 없었지.

그렇게 세월을 보내던 어느 날, 하나님이 노아를 다시 부르셨어.

"노아야, 이제 때가 됐다. 가족들을 이끌고 방주에 타거라. 그리고 동물들을 불러 모아라!"

노아는 아들들에게 이 사실을 알렸어.

"너희 모두 가족들을 데리고 당장 방주에 오르거라. 그리고 야벳, 너는 나팔을 불어 동물들을 방주로 불러 모아라."

아침이 밝자 사람들은 신기한 광경에 입을 다물 수 없었어. 사자, 얼룩말 같은 땅에 사는 동물과 독수리, 비둘기 등 하늘에 사는 온갖 조류가 짝을 지어 차례차례 방주로 들어갔거든.

"동물들이 줄을 서서 방주 안으로 들어가고 있다니, 정말 놀랍네!"

"으르렁대던 사나운 사자가 마치 순한 양처럼 굴고 있다니……."

좋은 구경거리를 발견했다는 듯 노아를 비웃는 이들도 있었어.

"하하하, 방주를 다 만들었는데도 비가 오지 않으니 꽤나 지루했나봐. 저렇게 동물들을 훈련시키고 있다니! 방주 안에서 서커스라도 할 모양이지?"

노아는 아무 말도 하지 않은 채 동물들과 함께 방주에 탔어. 사람들의 비웃음소리는 더욱 커져 갔지.

"이를 어쩌면 좋은가! 비가 오지 않으니 말일세. 오, 해님! 야속도 하시지!"

노아는 어리석은 사람들을 보며 너무나 답답해서 도저히 참을 수 없었어. 마지막으로 방주 문 앞에 서서 목이 터져라 외쳤지.

"여러분, 방주 문이 아직 열려 있습니다. 제발 내 말을 믿고 어서 이 안으로 들어오세요. 하나님이 말씀하시길 곧 큰비를 내려 온 세상을 물바다로 만들 거라 하셨어요."

사람들은 노아의 마지막 절규마저 무시했어. 오히려 그를 방주에서 끌어내리려고 했지. 악에 물들은 사람들은 마지막까지 자신들의 죄를 뉘우칠 줄 몰랐던 거야.

노아가 방주로 들어간 지 며칠이 지나자, 갑자기 방주의 거대한 문이 스르륵 닫혔어. 그러더니 하늘에서 먹구름이 몰려오고 비바람이 불어닥치더니 빗방울이 뚝뚝 떨어지기 시작했지. 마치 양동이로 퍼붓는 것 같은 엄청나게 굵은 빗줄기였다고 해.

바닷물이 순식간에 불어나 땅을 뒤덮자 나무는 우지끈 부러졌고, 큰 바위가 사방에서 굴러 다녔어. 산으로 도망친 사람, 높은 나무 위로 기어 올라간 사람들도 이내 물에 빠져 허우적대며 살려달라고 아우성을 쳤고 방주로 몰려와 문을 두드리는 사람들도 있었지.

"노아, 이 문 좀 열어 주게. 제발, 목숨만 살려 주게!"

"오! 하나님, 제가 잘못했습니다."

사람들은 뒤늦게 후회하며 용서를 구했으나 굳게 닫힌 방주의 문은 열릴 줄 몰랐어.

미켈란젤로의 〈대홍수〉, 1508~1512년 작(바티칸 시스티나 대성당 천장의 프레스코)

비는 끊임없이 쏟아져 내렸어. 살아 있는 것은 다 죽음을 맞았고 온 세상이 물에 잠겨 버렸지. 오직 노아의 방주만이 물 위로 둥실둥실 떠올라 폭풍우 속에서 가랑잎처럼 이리저리 흔들리며 떠다녔어.

비가 내리기 시작한 지 40일째, 거짓말처럼 갑자기 비가 그치자 방주는 아라라트 산꼭대기에 멈췄어. 하지만 방주 바깥은 여전히 물뿐이었지. 하루, 이틀, 사흘……, 그렇게 시간이 흐르자 방주 안에 갇힌 노아 일행은 좀 쑤셨어. 바깥세상이 궁금해 견딜 수가 없었거든.

"아버지, 언제쯤이면 방주 밖으로 나갈 수 있을까요?"

"까마귀를 날려 보내서 땅이 말랐는지 한번 알아보면 어떨까요?"

노아는 방주의 창문을 열고 까마귀 한 마리를 날려 보냈지만 까마귀는 며칠이 지나도록 방주로 되돌아오지 않았지.

"까마귀가 썩은 고기에 정신이 팔린 것 같아요."

"무슨 방법이 없을까? 옳지, 비둘기를 날려 보내 보도록 하자!"

비둘기는 살던 곳으로 되돌아가려는 습성이 있으니까 바깥세상을 살핀 후 단서를 가지고 방주로 돌아올 것이라고 믿었어.

"비둘기야, 우리에게 희망의 소식을 알려 주렴."

하지만 애석하게도 비둘기는 마른 땅을 찾지 못하고, 잔뜩 지쳐서 방주로 되돌아왔어.

비둘기는 한동안 휴식을 취하다 7일 후, 다시 푸른 하늘을 향해 힘껏 날아올랐지. 모두들 두 손 모아 비둘기가 좋은 소식을 갖고 돌아오기를 바랐어.

그리고 그날 오후, 노을을 헤치며 비둘기가 돌아왔어. 작은 부리에 촉촉하게 물기를 머금은 올리브 잎을 물고서 말이야.

"이것 좀 보세요. 올리브 잎이에요."

"아버지, 방주 밖에서 나무가 자라고 있나 봐요!"

"하나님, 감사합니다! 잎이 젖어 있는 걸 보니 아직 땅이 덜 마른 것 같지만, 이제 곧 밖으로 나갈 수 있겠구나."

노아의 가족들은 감격에 겨워 기쁨의 눈물을 흘렸어. 그리고 비둘기를 보며 고생했다는 말도 아끼지 않았지.

"네가 우리에게 새로운 희망을 알려 주었구나!"

다시 7일 후, 노아는 비둘기를 방주 밖의 세상으로 날려 보냈어.

"자, 비둘기야. 평화로운 세상으로 훨훨 날아가거라!"

날개를 활짝 펴고 맑은 하늘로 날아간 비둘기는 하루가 지나고 이튿날이 되어도 되돌아오지 않았어. 이제 방주로 돌아오지 않아도 좋을 만큼 충분히 세상이 평온해졌다는 뜻이었지.

노아 일행이 새 세상에 대한 설렘으로 들떠 있던 그때, 천둥 같은 하나님의 목소리가 방주 안을 가득 채웠어.

"노아야, 이제 가족들과 동물들을 데리고 방주 밖으로 나가 널리 번성하며 풍성하게 새 세상을 채우거라!"

쾅! 커다란 소리와 함께 방주의 문이 스르르 열리고 그 사이로 눈부신 햇살이 파도처럼 밀려오자 노아와 그의 가족 모두 콧등이 시큰해지며 눈물이 핑 도는 것 같았지.

"아버지, 마치 하나님의 은총을 받으며 다시 태어난 기분이에요."

모두들 나란히 새로운 세상으로 발을 내딛었어. 발바닥에 느껴지는 흙의 감촉은 믿을 수 없을 정도로 부드러웠고, 방주에 오르기 전에 머물던 숲과는 비교도 되지 않을 만큼 새 세상은 웅장하고 아름다웠다고 해.

그 순간, 우뚝 서 있는 나무 위로 비둘기 한 마리가 내려앉았어.

"아버지, 저길 보세요. 올리브 잎을 물고 왔던 비둘기예요."

"맞구나! 우리에게 기쁜 소식을 알려 준 바로 그 녀석이야."

비둘기는 이내 노아의 머리 위를 빙빙 돌며 구구구 노래를 불렀지.

노아와 가족들은 바로 제단을 만들고는 온 마음을 다해 하나님께 감사의 예배를 드렸어. 진실된 기도에 답하듯 하늘 위로 선명한 일곱 색깔 무지개가 쫙 펼쳐졌지.

"오! 저길 보세요."

노아 일행이 놀란 사이, 하나님의 부드러운 목소리가 들려왔어.

"노아야, 보아라! 이곳이 네가 앞으로 살아갈 새로운 세상이다. 그리고 이 무지개는 너희에게 주는 나의 약속의 징표다. 두 번 다시 이 땅에 큰비를 내려 땅 위의 것들을 없애지 않을 것이니 앞으로는 세상 모든 생명이 자라나 번성할 것이다!"

바로 그때, 하나님의 전령사처럼 비둘기가 올리브 나뭇가지를 노아의 앞에 떨어뜨리고는 무지개 너머로 날아갔어. 노아와 가족들은 하늘 높이 날아가는 비둘기를 바라보며 손을 흔들어 주었단다.

비둘기가 평화와 희망을 상징하게 된 이유가 바로 여기에 있어. 새 세상이 왔음을 알려 준 비둘기의 눈부신 활약이 점차 사람들의 입에서 입으로 전해지게 되었고, 사람들은 자연스레 비둘기가 큰 재난이 끝난 상황을 알려 주는 반갑고 고마운 새라고 여긴 거지.

실제로 고대 로마에서는 전쟁이 끝났다는 기쁜 소식을 알리는 데 비둘기를 이용했기 때문에 전쟁터에서 비둘기를 보면 사람들이 큰 잔치를 열고 기뻐했다고 해. 그래서 오늘날에도 비둘기는 여전히 평화를 상징하는 새로 우리 곁에 남아 있는 거야.

노아의 방주와 대홍수

1. 노아의 방주

방주는 네모진 모양의 배로, 보통 대홍수를 대비하여 하나님이 노아에게 만들도록 지시한 배를 말해. 성경 〈창세기〉 편을 살펴보면 방주의 크기와 만드는 방법 등이 자세히 나와 있지.

우선 방주의 크기를 알아보면 길이는 삼백 큐빗, 너비는 오십 큐빗, 높이는 삼십 큐빗이라고 해. 큐빗은 고대 이집트에서 썼던 길이의 단위인데 1큐빗은 팔꿈치에서 가운뎃손가락 끝까지의 길이로 약 46~56 cm 정도이지. 이를 계산해 보면 방주의 길이는 약 135 m, 너비는 약 23 m, 높이는 약 14 m야. 오늘날의 배로 따져 보면 노아의 방주는 1만 5천 톤이 넘는 큰 배였다고 해.

또한 방주는 잣나무를 이용하여 3층 구조로 만들라고 쓰어 있어. 방주 내부는 작은 방과 여러 칸으로 나뉘었고 외부에는 지붕을 만들었으며 천장에는 빛이 들어올 수 있는 작은 창문도 만들었지. 마지막으로 출입구는 방주의 옆쪽에 냈다고 되어 있어.

네덜란드의 목수 요한 후이버가 현대적으로 재현한 노아의 방주

2. 대홍수 후 노아의 방주가 도착한 아라라트산은 어디일까?

아라라트산은 터키의 동부, 이란과 아르메니아 근처에 있어. 아라라트산은 화산 활동이 끝난 산으로 한 차례의 폭발도 기록된 적이 없다고 해. 하지만 용암과 화산 폭발의 부스러기가 많고, 산 정상은 항상 눈으로 뒤덮여 있지. 아라라트산이 유명한 이유는 대홍수 후 '노아의 방주'가 도착한 곳이라고 전해져 오기 때문이야.

아라라트산

3. 세상이 모두 잠기는 대홍수가 일어날 수 있을까?

여러 나라의 전설을 살펴보면 전 세계가 물에 잠기는 대홍수 이야기가 많이 발견돼. 과연 세상이 모두 잠기는 대홍수는 가능할까?

이에 대해 과학자들은 '가능은 하지만 모두 잠기긴 어렵다.'라고 말하고 있어. 지구에서 비나 눈이 내리지 않는 지역이 있을까? 비 한 방울 내리지 않을 것 같은 사막도 가끔씩은 많은 비가 내리는 곳이 있다고 해.

사막은 원래 공기 중에 수증기가 없기 때문에 비가 올 수 없어. 하지만 몇 년에 한 번씩 태풍이 원래 가던 길을 잃고 사막으로 향하는 바람에 많은 비가 내리는 거지. 이렇게 사막에 비가 내리게 되면 원래 태풍이 가야 할 곳은 비가 오지 않아. 그러므로 인간이 사는 곳이면 어디나 홍수가 일어날 수 있지만, 세상을 잠기게 할 엄청난 홍수가 모든 지역에서 동시에 발생하는 것은 거의 불가능하다고 할 수 있단다.

🌸 마술사들이 흰 비둘기를 애용하는 이유는 무엇일까?

마술사들이 흰 비둘기를 쓰는 이유는 보통 야생 비둘기나 집비둘기에 비하여 순하고 길들이기가 쉽기 때문이야. 특히 러시아산 흰 비둘기를 주로 애용하는데, 이 비둘기는 몸집이 작고 움직임이 많지 않으며 날개를 펼치면 커 보이고 무엇보다 귀품이 있어 보인다고 해. 마술사들은 공연을 잘하는 것도 중요하지만 멋있어 보이는 것도 중요하기 때문에 흰 비둘기를 사용하는 것이지. 또한 많은 마술사들이 무대에서 검정색 계통의 옷을 즐겨 입는데 이와 대조되도록 흰 비둘기를 사용한다는 거야.

🌸 또 다른 평화의 상징, 올리브 잎

평화의 상징이라고 하면 비둘기와 함께 꼭 언급되는 것이 하나 더 있어. 바로 올리브 잎이야. 노아가 방주 밖으로 날려 보낸 비둘기가 부리에 올리브 잎을 물고 왔다고 전해져 평화와 안전의 상징이 된 것이지.

올리브 잎은 전쟁이나 폭력, 차별, 굶주림 없이 모든 사람이 평화롭게 살아갈 수 있는 세상을 나타내. 그래서 제2차 세계 대전이 끝난 후 전쟁을 막고 평화를 지키기 위해 설립한 국제 연합(UN)의 상징물을 살펴보면 세계 지도가 가운데 위치해 있고, 이를 올리브 잎이 감싸고 있는 모양이야.

국제 연합을 상징하는 문장

세상에서 가장 특별한 새 이야기

3

세상을 따뜻하게 한
왕자와 제비의 우정

갖가지 보석으로 치장된 '행복한 왕자' 동상은
도시를 내려다보며 매일같이 눈물을 흘렸어.
그러던 어느 날, 왕자는 이집트로 향하던 제비를 만나게 돼.
단 며칠이었지만, 제 뜻을 알아주는 제비와 우정을 나누며
다른 사람에게 행복을 나누어 줄 수 있었단다.
'행복한 왕자' 동상이 어떻게 진정으로 행복한 왕자가
될 수 있었는지 알아볼까?

세상의 많은 이야기 중에 동물과 사람이 우정을 나누는 것만큼 우리를 흐뭇하게 만드는 것은 없어. 명작 동화로 손꼽히는 오스카 와일드의 〈행복한 왕자〉에서도 그 모습을 엿볼 수 있지. 행복한 왕자는 어떤 동물과 어떻게 우정을 나누었을까 궁금하지 않니? 지금부터 그 이야기를 들려줄게.

도시 한가운데에 위치한 광장에 '행복한 왕자'의 동상이 높이 서 있었어. 몸은 얇은 순금으로 뒤덮여 있고 사파이어로 만든 눈은 밝게 빛났으며, 붉은 루비가 박힌 칼자루를 들고 있었지. 아름다운 왕자의 동상을 볼 때마다 사람들은 찬사를 보내곤 했단다.

"행복한 왕자는 정말 멋지고 아름답군요!"

어느 늦은 가을날, 미처 따뜻한 나라로 가지 못한 제비 한 마리가 행복한 왕자에게 날아왔어. 제비는 왕자의 두 발 사이에 살포시 앉아 날갯죽지에 머리를 파묻고 누웠단다.

"놀라운 일이야. 이런 황금 침대에서 자게 되다니!"

바로 그때였어. 물방울이 하나 똑 떨어졌지.

"뭐야? 하늘에는 구름 한 점 없고 별은 총총 빛나는데……."

제비가 구시렁대며 위를 쳐다보는데 다시 물방울이 떨어지지 뭐야?

"에구구, 황금 침대가 뭐 이래? 차라리 굴뚝 구멍이 더 낫겠네."

화가 난 제비가 날개를 파닥거리는 순간, 세 번째 물방울이 또 떨어졌고 제비는 그제야 행복한 왕자의 얼굴에 흐르는 눈물을 보았어.

"당신은 누구세요?"

"나는 행복한 왕자란다."

"그런데 왜 울고 계시죠? 당신 때문에 내가 젖었잖아요!"

"살아 있을 때는 아름다운 궁전에서 친구들과 뛰놀며 행복하게만 살았기 때문에 신하들은 나를 행복한 왕자라고 불렀어. 내가 죽자 사람들은 나를 동상으로 만들어 이곳에 세워 놓았는데, 여기에서는 도시의 온갖 슬픔들이 다 보이니까 납으로 만들어진 심장이지만 마음이 너무 아프고 눈물이 계속 흘러. 제비야, 나와 함께 있지 않을래?"

"안 돼요, 왕자님. 저는 친구들이 기다리고 있는 이집트로 빨리 가야 해요."

"그렇다면, 내 부탁 하나만 들어 주렴. 저기 좁은 골목 끝에 있는 낡은 집에 다녀와 주겠니? 그 집에는 며칠째 밤새도록 삯바느질하는 어머니와 끙끙 앓고 있는 남자아이가 있어. 여인의 손은 바늘에 찔려 상처투성이에 퉁퉁 부어 있고, 아픈 아이에게 강물밖에 줄 게 없어서 눈물만 흘리고 있단다."

"남자아이요? 저는 남자아이가 싫어요! 지난여름에 어떤 남자아이가 던진 돌에 맞아 죽을 뻔 했다고요."

힐끗 행복한 왕자의 얼굴을 보며 제비가 말했어. 그런데 왕자의 얼굴이 너무 슬퍼 보여서 미안해졌지.

"뭐, 한 번뿐이라면 좋아요. 왕자님의 심부름을 해 드리죠. 그렇지만 딱 오늘 하룻밤만이에요."

"제비야, 정말 고마워. 이 칼자루에 박힌 루비를 갖다주고 오렴."

붉은 루비를 입에 문 제비는 까만 날개를 활짝 펴고 밤하늘을 날아 왕자가 말한 집에 도착했어. 열 때문에 잠을 이루지 못하고 뒤척이는 남자아이와 고된 일에 지쳐 졸고 있는 어머니가 있었지. 제비는 물고 있던 커다란 루비를 골무 옆에 뚝 떨어뜨리고는 아이 곁에서 천천히 날아다니며 부채질을 해 주었어.

"아~, 시원해! 아픈 게 다 나을 것 같아."

아이가 혼잣말하며 잠들자 제비는 가슴 한편이 뿌듯해졌단다.

행복한 왕자에게 돌아온 제비는 자신이 한 일을 자랑스럽게 말하고는 아주 흐뭇한 얼굴로 왕자의 발치에 누워 행복하게 잠이 들었지.

날이 밝자 제비는 강으로 날아가 목욕을 하고 도시를 둘러봤어. 도시의 중요 기념물에 가 보고 교회의 뾰족탑 위에 앉아 짹짹거리는 참새들에게 자랑했지.

"얘들아, 난 오늘밤 이집트로 갈 거란다."

제비는 달이 떠오르자 작별 인사를 하려고 행복한 왕자를 찾아갔어.

"왕자님 안녕히 계세요. 전 이제 이집트로 떠날 거예요."

"제비야, 한 번만 더 심부름을 해 주지 않겠니? 도시 저편의 작은 다락방에서 글을 쓰는 젊은이를 도와주고 싶어. 극본을 쓰다가 너무 춥고 배가 고파 덜덜 떨며 엎드려 있는데 곧 기절할 것 같아."

"안 돼요, 왕자님의 심부름은 저번에 해 드렸잖아요."

"정말 미안한데, 오늘 하룻밤만 더 나를 도와줘."

"휴~, 그렇다면 좋아요. 얼른 루비만 갖다주고 오면 되죠?"

"내게 남은 루비는 없으니까 내 한 쪽 눈을 빼서 젊은이에게 가져다주렴. 내 눈은 수천 년 전에 인도에서 가져온 귀한 사파이어로 만들었으니 그에게 도움이 될 거야."

"그렇게 하면 왕자님은 한 쪽 눈이 안 보이잖아요. 그럴 수 없어요!"

놀란 제비는 팔짝 날아올라 빙빙 돌며 눈물을 흘렸어.

"난 괜찮아. 자, 어서 가서 추위와 배고픔에 고생하는 젊은이가 장작이랑 먹을 것을 살 수 있게 내가 말한 대로 해 주렴."

왕자의 부탁을 거절하지 못한 제비는 왕자의 눈에서 사파이어를 뽑아 입에 물고 젊은이의 다락방으로 날아갔어. 그리고 책상에 엎드려 있는 젊은이 앞에 사파이어를 살짝 떨어뜨리고 밖으로 나왔지.

문득 고개를 든 젊은이는 깜짝 놀라 소리쳤어.

"이건 사파이어잖아? 누군가 내 글을 읽고 감동해서 갖다줬나봐! 이제 먹고살 걱정 없이 극본을 마무리할 수 있겠어."

몹시 기뻐하는 젊은이를 보니 제비도 덩달아 행복해졌지.

다음 날, 제비는 돛대 위에 앉아 항구를 구경했어. 선원들이 밧줄로 궤짝을 옮기며 '어기여차' 외치면 제비는 '나는 이제 이집트로 간다!'하고 지지배배 울었단다. 그렇게 시간을 보낸 후 해가 지고 달이 뜨자 행복한 왕자에게 마지막으로 인사하러 갔지.

"제비야, 하룻밤만 더 함께 있어 주지 않을래?"

"곧 차가운 눈이 내리는 겨울이에요. 지금부터 서둘러도 이집트에 도착하려면 빠듯하답니다. 내년 봄에 다시 이곳을 지날 때 왕자님이 다른 사람에게 줬던 아름다운 보석을 가져다 드릴게요."

"제발! 마지막 부탁을 들어주렴. 아래 광장에 울고 있는 성냥팔이 소녀가 있어. 저 소녀가 돈을 가져가지 않으면 아버지한테 맞을 거야. 그런데 팔아야 할 성냥을 흙탕물에 빠뜨려 모두 못쓰게 되었으니까 소녀가 맞지 않도록 내 남은 눈을 소녀에게 가져다줘."

"하룻밤만 더 왕자님과 있을게요. 하지만 왕자님의 눈을 또 뽑을 수는 없어요!"

제비가 팔짝거리며 반대하자, 왕자는 담담히 제비를 달래며 말했어.

"제비야, 나는 그동안 충분히 행복했으니 괜찮아. 그냥 내가 말한 대로 해 줘."

어쩔 수 없이 제비는 왕자의 남은 한 쪽 눈을 빼서 광장으로 빠르게 날아갔어. 그리고는 소녀 앞을 스쳐지나면서 손바닥에 보석을 떨어뜨렸지.

"어머나, 이 파랗고 예쁘게 반짝거리는 조각은 뭐지? 정말 아름답구나! 이걸 가지고 가면 아버지한테 맞지 않을 거야."

밝은 얼굴로 달려가는 소녀의 뒷모습을 보며 제비는 마음이 따뜻해졌지만, 장님이 된 왕자를 생각하면 너무 안쓰러웠어.

"왕자님은 이제 아무것도 볼 수가 없네요. 그러니 제가 항상 함께 지내면서 왕자님의 눈이 되어 줄게요."

"안 돼, 착한 제비야. 이제 그만 친구들이 기다리고 있는 이집트로 가야지."

"왕자님은 제가 필요해요. 여기서 이렇게 함께 있을래요."

그날 밤, 제비는 불쌍한 왕자의 발치에 누워 잠을 청했어. 그리고 아침이 되자 왕자의 어깨에 앉아 낯선 땅에서 지내며 본 것들을 끊임없이 지지배배 들려주었단다.

"나일강 둑에는 붉은 따오기들이 늘어서서 금붕어를 잡아먹어요. 사막에 사는 나이 많은 스핑크스는 세상일을 다 알고 있답니다. 또 자신의 낙타 옆에서 천천히 걸으며 사막을 건너는 상인들도 봤어요. 그 밖에도……."

"너는 정말로 신기한 이야기를 많이도 알고 있구나. 하지만 그런 이야기보다 이 도시를 날아다니며 본 것을 얘기해 줄 수 없겠니?"

왕자의 부탁을 받은 제비는 날마다 도시 구석구석을 날아다녔어. 아름다운 정원에서 즐겁게 노는 부자들, 부자들의 집 대문 앞에 앉아 있는 배고픔에 지친 거지들, 다리 밑에서 서로를 꼭 껴안고 추위를 이기고 있는 어린아이들 등 자기가 본 도시의 모습들을 하나도 빠짐없이 왕자에게 전해 주었단다.

"제비야, 내 몸은 순금으로 덮여 있어. 그걸 한 조각씩 떼어다가 가난한 사람들에게 가져다줘."

작은 제비는 왕자의 부탁 대로 금을 한 조각 한 조각씩 떼어 내 가난한 사람들에게 바삐 나눠줬어.

"우아~, 우리도 이제 밥을 먹을 수 있겠다!"

반짝이는 보석과 찬란한 금빛 옷을 잃은 왕자는 곧 보기 싫은 잿빛이 되었지만 왕자가 볼품없어질수록 사람들의 웃음소리는 커져 갔고 왕자와 제비는 그 어느 때보다 행복했단다.

그러는 동안 도시에는 하얀 눈이 내려 처마마다 칼처럼 날카롭고 긴 고드름이 매달렸을 정도로 추워졌어. 가련한 제비는 오돌오돌 떨며 왕자의 곁을 지켰지. 빵 부스러기를 주워 먹고 날개를 파닥거려 몸을 따뜻하게 하려고 애썼지만, 곧 죽게 될 것을 알고 있었단다.

마침내 힘이 다 빠진 제비는 마지막 인사를 하기 위해 왕자의 어깨 위로 날아올랐어.

"왕자님, 안녕히 계세요. 저는 이제 떠날 거예요."

"오, 사랑스런 제비야. 드디어 이집트로 가는구나. 여기서 너무 오래 머물렀지? 작별 인사로 입을 맞춰주렴."

"제가 가는 곳은 이집트가 아니라 죽음의 집이에요. 안녕히 계세요."

제비는 온 힘을 다해 왕자의 입술에 입맞추고는 왕자의 발밑으로 툭, 떨어졌지. 그 순간, 왕자의 몸속에서도 뭔가 깨지는 소리가 났어. 납으로 된 왕자의 심장이 그만 두 동강이 나 버린 거야.

다음 날 아침, 시장과 시 의원들이 광장을 가로질러 동상 앞을 지날 때였어.

"아니, 행복한 왕자의 동상이 왜 저리 흉하게 됐죠?"

"발치에는 제비가 죽어 있네요. 아름답지 않은 왕자는 더 이상 쓸모가 없는데……."

"죽은 제비는 내다 버리고, 왕자의 동상은 용광로에 녹여 다른 것을 만들도록 합시다!"

시 의원들이 서로 자신의 동상을 만들어야 한다고 말다툼하는 동안 왕자의 동상을 녹이던 기술자는 아주 이상한 경험을 하고 있었어.

"조각난 납 심장이 왜 녹지를 않지? 내다 버려야겠군."

그렇게 왕자의 심장은 제비가 버려진 쓰레기통에 버려졌지.

그날 밤, 하나님이 천사들에게 심부름을 시켰어.

"도시에 가서 제일 귀중한 것 두 개만 찾아오너라."

천사들은 왕자의 납 심장과 죽은 제비를 찾아갔지.

"제대로 찾아왔구나! 이제부터 이 둘은 내 황금 도시에서 영원히 살 것이다."

그렇게 천국에 가게 된 왕자는 아름다운 모습을 되찾았고 살아난 제비는 영원히 왕자와 행복하게 살았다고 해. 때로 자신들이 떠나온 도시를 바라보며 미소를 지을지도 모르겠다. 그 둘은 불쌍한 이웃을 돌아보고 가진 것을 함께 나누며 사는 것이 참다운 행복이라는 걸 확실히 알고 있었거든.

행복한 왕자와 제비

1. 아일랜드의 문학가, 오스카 와일드

오스카 와일드는 1854년 아일랜드의 수도인 더블린에서 태어났어. 아버지는 의사이자 고고학자였고, 어머니는 유명한 시인이었대. 오스카 와일드는 옥스퍼드 대학을 다니면서 이탈리아를 여행하던 중에 지은 시로 '뉴디기트'라는 문학상을 받고, 대학을 졸업한 후에 본격적인 창작 활동을 했어.
우리가 앞에서 읽어 본 이야기는 그가 1888년 출판한 동화집 《행복한 왕자와 다른 이야기들》에 실린 거야. 오스카 와일드가 소중한 두 아들에게 들려주기 위해 쓴 동화였다고 해.

오스카 와일드

2. 오스카 와일드를 대표하는 동화 작품에는 어떤 것들이 있을까?

〈욕심쟁이 거인〉은 자신의 넓고 아름다운 정원에서 놀던 아이들을 내쫓은 이기적인 거인이 변해가는 모습에 대한 이야기야. 처음으로 들은 새소리를 아름다운 음악 소리로 착각한 거인이 감동을 받아 심장이 따뜻해지자 마침내 담장을 허물고 아이들과 함께 봄을 맞으며 행복을 느끼게 된다는 내용이지.

월터 크레인이 그린 행복한 왕자의 삽화

〈헌신적인 친구〉는 착하고 순진한 한스와 옳은 말만 그럴듯하게 하지만 남을 위해서 절대 희생하지 않는 밀러를 통해 과연 헌신적인 친구는 어때야 하는가에 대한 것을 알려 주는 이야기야.

〈별에서 온 아이〉는 가난한 나무꾼이 숲에서 발견해 데려다 키운 아이에 관한 이야기로, 진정한 아름다움은 어디에 있는가를 생각하게 해. 외모가 아름다워질수록 자신의 친어머니마저 추하다고 외면한 아이가 벌을 받고, 결국 자신의 잘못을 뉘우치면서 다시 아름다운 모습을 되찾게 된다는 줄거리의 동화야.

〈나이팅게일과 장미〉는 한 젊은이가 참된 사랑을 위해 자신의 몸을 희생하는 헌신적인 사랑에 대한 이야기야. 순수한 사랑을 위해 보잘것없는 자신을 희생하기로 결심한 나이팅게일이 밤새 피 흘리며 노래해 붉은 장미를 피워 낸 후 죽게 된다는 슬픈 내용이지.

3. 제비는 어떤 새일까?

제비는 몸길이 약 18 cm의 여름 철새로, 이동할 때나 번식기에는 혼자서 또는 암수 둘이서 생활하다가 번식이 끝나면 여러 마리가 무리지어 생활해. 제비는 보통 건물 틈새에 둥지를 만드는

▲ 제비

데, 매년 같은 둥지를 고쳐서 사용할 정도로 귀소 본능이 강하기도 하지. 우리 조상들은 음력 9월 9일 강남으로 갔다가 3월 3일에 돌아오는 제비를 좋은 일을 가져오는 새라고 여기기도 했어. 그래서 제비가 새끼를 많이 치면 풍년이 든다고 믿었지.

그래서일까? 제비는 여러 문학 작품에도 등장하는데, 대표적으로 흥부전에서 제비는 하늘의 심부름꾼이자 지친 몸을 의지할 곳을 찾아다니는 힘없는 민중을 상징하기도 했단다.

🌸 오스카 와일드는 어떤 생각들을 동화에 담았을까?

오스카 와일드는 참사랑을 위해 자기가 가진 모든 것을 희생하는 행복한 왕자의 모습을 통해서 예수의 수난을 떠올리게 할 정도로 기독교적인 분위기의 동화를 남겼어. 또한 여러 작품을 통해 세상의 온갖 고통과 불의, 선악, 인간의 이기심과 탐욕 등을 동화로 신비하게 엮어냄으로써 사회에 대한 풍자와 인간의 내면에 대한 깊은 성찰을 보여 주기도 했지.

그는 "모든 아버지는 자녀를 위한 동화를 지어야 한다."며 동화에 자신이 자녀들에게 해 주고 싶은 모든 말들을 담았던 거야.

🌸 우체국의 상징은 왜 제비 모양일까?

삼짇날(음력 3월 3일)은 완연하게 찾아온 봄을 기념하는 날로, '강남 갔던 제비가 돌아오는 날'이라고 부르기도 했어. 또한 제비는 진흙과 지푸라기를 섞어 새 중에서 가장 튼튼한 집을 짓는 것으로도 유명한데, 끈기 있는 제비는 1000번 이상 재료를 물어 나르며 부지런히 집을 짓는다고 해.

이러한 점을 바탕으로 우체국은 제비를 본떠 상징물을 만든 거야. 제비가 날짜에 맞춰 봄소식을 전해 주듯, 우체국도 특유의 부지런함과 끈기로 정확한 날짜에 좋은 소식을 전해 준다는 의미를 담고 있지.

우체국의 상징 변화

세상에서 가장 특별한 새 이야기

4

다윈의 진화론을 낳은
갈라파고스 핀치

다윈의 진화론은 갈릴레이의 지동설,
뉴턴의 만유인력과 더불어 가장 위대한 발견으로 손꼽혀.
찰스 다윈이 《종의 기원》에서 자연 세계의 법칙을 알려 준 덕분에
우리는 지구상에 존재하는 수많은 생물이
수천 수백만 년에 걸쳐 변화를 거듭하며
오늘날의 모습에 이르게 되었다는 것을 알게 되었지.
그에게 큰 영감을 제공한 갈라파고스 제도의 핀치 새들을
관찰하러 가 볼까?

참새만한 크기의 갈라파고스 핀치라는 새를 아니? 우리에게 '다윈 핀치'라는 이름으로 더 익숙한 이 작은 새가 다윈이 진화론을 세우는 데 큰 도움을 주었다고 해.

갈라파고스 핀치

생물이 환경에 적응하고 발전해 가면서 새로운 종이 나타난다는 진화론의 살아 있는 결정적 증거가 된 핀치 새의 이야기를 함께 알아보도록 할까?

생물 진화론을 발표하여 세계적으로 큰 반향을 불러일으킨 찰스 다윈은 집 마당과 풀숲을 돌아다니기 좋아하는 아이였어.

"찰스, 너 학교에서 또 도망쳐 왔니? 저 주머니 속의 잡동사니 좀 봐! 그 책은 또 뭐야?"

돌아가신 어머니를 대신해 다윈을 돌보던 누나 캐롤라인은 날마다 들판을 돌아다니며 돌멩이와 각종 식물, 곤충 따위를 잔뜩 주워 오는 동생이 걱정스러웠지.

"《셀본의 박물학과 고대 유물들》이라는 책이야. 셀본 지역의 동식물에 대한 이야기인데, 새의 습성을 기록해 놓은 부분이 재밌더라고."

"그런 책이 뭐가 재밌니? 부탁이니까 이상한 것 좀 주워 오지 마."

1825년, 아버지는 다윈을 스코틀랜드에 있는 에든버러 대학에 보냈어. 하지만 다윈에게 의학 수업은 참을 수 없는 고역일 뿐이었지.

'휴~, 수술실에 들어가는 것은 너무 끔찍해! 처절한 비명 소리와 피, 끊이지 않는 신음 소리까지……. 나는 절대 이 일을 할 수 없어.'

다윈은 자연의 역사를 연구하는 모임이 훨씬 좋았어. 생물을 썩지 않게 보관하는 박제 기술을 배우거나 해양 동물학 강의를 들을 때면 시간 가는 줄 몰랐지.

다윈에게 실망한 아버지는 그를 케임브리지 대학으로 보내 신학을 배우게 했지만, 정작 그곳에서 다윈을 사로잡은 것은 헨슬로 교수의 식물학 강의였단다. 곤충학, 화학, 광물학, 지질학 등 다양한 분야에 많은 지식을 가진 헨슬로 교수는 열정적인 제자였던 다윈을 매우 아꼈어. 그에게 자연사를 가르쳐 주고 세지윅과 같은 유명한 지질학자를 소개해 주기도 했지.

그러던 어느 날, 다윈은 반가운 소식을 접했어. 영국 해군의 배에 동승해 세계 여러 대륙을 탐험할 학자를 찾는데, 헨슬로가 다윈을 그 자리에 추천했다는 거야.

"찰스, 내 생각에 자네는 자연사에 관심이 많고 연구 능력이 출중한 것 같네. 박물학자로서 비글호와 함께 한다면 좋은 기회를 얻을 걸세."

그 당시 영국은 전 세계에 식민지를 개척하면서 급속도로 산업이 발달하던 때였어. 비글호는 항해 지도를 그리며 세계 여러 지역의 기후와 자연 생태를 조사하는 임무를 띤 배였지.

"이런 기회를 추천해 주시다니……. 교수님, 정말 감사합니다!"

1831년 12월, 22살의 다윈은 비글호를 타고 긴 여정에 올랐어.
　"지금부터 우리는 세계 곳곳의 해안을 차례로 탐사할 것입니다. 아마 오랜 기간 힘든 여행이 되겠지만, 서로 잘 지내봅시다."
　다윈은 뱃멀미에 시달렸고 음식이 입에 맞지 않았지만, 비글호가 닻을 내리고 한곳에 머물 때면 동물, 식물, 지질 등을 조사하기 위해 열정적으로 새로운 대륙을 탐험했지.
　비글호가 남아메리카 대륙을 빙 둘러 뉴질랜드, 오스트레일리아, 남아프리카 대륙 해안을 돌아보는 동안 다윈은 책으로만 접했던 전 세계의 자연과 과학 현상들을 눈으로 직접 확인할 수 있었어.

그중에서도 다양한 동식물 표본을 모으고 보존이 잘된 화석을 여러 개 발견하면서 진화에 관한 이론적 토대를 마련할 수 있었다고 해.

"말과 많이 닮긴 했는데 말보다 훨씬 크네. 좀 더 조사해 봐야 알겠지만, 어쨌든 지금은 사라지고 없는 동물 같아."

다윈은 또 바닷물처럼 짠맛이 나는 호수를 경험하고 소금 성분이 섞인 들판을 둘러보기도 했어. 특히 칠레에서는 화산 폭발 모습을 목격했는데, 지진으로 많은 건물들이 무너지고 천지가 흔들렸지만 땅이 바다 위로 불쑥 솟아오르는 광경에 큰 감명을 받았지.

'오랜 세월 동안 지진이 수백, 수천 번 일어나면서 바다가 땅이 되기도 하고 땅이 산이 되기도 한 거야. 이런 이유라면 산꼭대기에서 조개껍데기 화석이 발견되는 게 다 설명되는군.'

이렇게 다윈은 어디를 가든 자연환경과 생물들을 관찰하고 채집했어. 배에 돌아와서는 표본을 만들고 관찰한 것을 기록하며 자신의 생각을 정리하느라 긴 항해가 짧게 느껴질 정도였지.

'이렇게 신기한 생물이 많다니! 그런데 화석으로만 남은 동물들은 왜 사라졌지? 오늘날 살아남은 동물과는 어떤 관계가 있을까?'

당시 대부분의 지질학자들은 오랜 세월이 흐르는 동안 지구의 모습이 조금씩 변해왔다고 생각하고 있었어. 하지만 여러 대륙을 다니며 다양한 자료를 모은 다윈은 그 위에 하나의 이론을 세웠지.

'자연환경에 적응하지 못한 동물은 살 수 없게 되었을 거야. 자기가 처한 환경에서 잘 살 수 있는 동물만이 살아남은 것일지도 모르지!'

4년 후, 비글호는 다윈에게 큰 깨달음을 준 갈라파고스 제도에 다다랐어. 갈라파고스 제도는 태평양에 있는 19개의 섬으로, 용암이 굳어 검은색을 띤 바위들이 유난히 많은 곳이었지.

"우아, 거대한 갈라파고스 코끼리거북 좀 봐요. 이구아나와 펭귄, 가마우지까지……. 다른 지역에서는 볼 수 없는 독특한 생물들이 엄청 많네요!"

다윈이 감탄하자, 노련한 선원이 고개를 끄덕였어.

"정말 신기하지? 나도 처음에는 그랬지만 지금은 거북의 생김새만 봐도 각각 어느 섬에서 왔는지 알 수 있다고."

"그러고 보니 거북이의 생김새가 섬마다 다르군요."

"등딱지 무늬와 머리 모양도 달라. 심지어 고기 맛도 다르다니까!"

여러 동식물을 살펴보던 다윈은 특히 갈라파고스 제도의 섬에서 채집한 다양한 새들에 흥미를 느꼈어.

'흠, 정말 이상해. 기후와 고도가 비슷한데, 새의 모습은 섬마다 다르잖아? 깃털 색, 부리 모양, 둥지를 짓는 장소까지 천차만별이야!'

다윈은 새들의 모습이 섬마다 어떻게 다른지 좀 더 세밀하게 관찰하기 시작했어.

"새들의 부리가 아주 인상 깊어. 딱딱한 열매를 먹이로 하는 새는 튼튼한 부리를, 곤충을 먹이로 하는 새는 가느다란 부리를 가졌어. 꽃이나 잎을 먹이로 하는 새의 부리는 좁은 모양이고 과일을 먹이로 하는 새의 부리는 뭉툭하군. 환경에 적응하면서 먹이를 쉽게 먹을 수 있도록 부리가 발달한 게야. 동식물이 환경에 따라 변한다는 결정적인 증거가 될지도 몰라!"

이런 생각을 토대로 그는 세상을 깜짝 놀라게 할 연구를 시작했어.

'오래전 남아메리카 대륙에서 이곳으로 날아온 새가 세월이 흐르면서 조금씩 변했다고 가정하면 어떨까? 이 세상 모든 동물들은 환경에 맞게 진화했다고 보면……, 이건 아주 새롭고 멋진 이론이 될 거야!'

1836년, 비글호는 5년간의 긴 항해를 마치고 드디어 영국으로 돌아왔어.

"오빠, 정말 고생 많았어요!"

다윈을 마중 나온 동생 캐서린은 몰라보게 수척해진 그를 보고 깜짝 놀랐단다.

"그런데 저 짐들은 다 뭐예요? 그동안 수많은 기록지와 표본들을 보냈잖아요."

"갈라파고스 제도에서 가져온 생물 표본이야. 그곳은 정말 흥미로운 곳이었어. 말로 설명해도 잘 모를 거야. 나랑 같이 이것들을 정리해 보지 않을래? 내가 하나씩 다 보여 줄게."

"오빠, 미안. 나는 이런 일엔 영 관심이 없어."

다윈은 수집해 온 표본을 정리하며 항해기를 출판할 준비를 했어. 신중을 기하기 위해 각 분야의 전문가들에게 정리한 표본을 보내 조언을 구하기도 했지. 특히 조류학자 존 굴드는 다윈이 채집한 새에 대한 놀라운 사실을 알려 주었어.

"찰스, 갈라파고스에서 채집한 새들을 굴뚝새, 콩새, 꾀꼬리, 핀치 등 다양한 새들로 분류해 놨는데, 사실 이 새들은 다 같은 핀치류예요. 생김새가 조금씩 다른 변종이지요."

'내가 갈라파고스의 서로 다른 섬에서 채집한 새들이 모두 핀치류라니……. 그렇다면 각각의 종은 변화하는 게 아닐까?'

다윈은 직접 비둘기를 교배해 보면서 비둘기의 볏과 부리를 원하는 방향으로 변하게 할 수 있음을 알게 되었지.

"그래, 달라진 생김새가 자손에게 전해지면서 완전히 새로운 생물로 진화했어! 내가 비둘기를 키우며 생김새를 원하는 대로 바꾸었듯이, 자연환경이 핀치 새의 품종을 만든 것이지. 모든 생물은 진화의 과정을 거쳐 지금의 모습이 된 거야."

다윈의 깨달음은 당시의 과학 지식과 종교에 거스르는 대담한 생각이었어. 그래서 오랜 시간 관련된 논문을 쓰면서 자신의 학설이 완벽한 형태로 완성되기 전까지는 발표하지 않겠다고 다짐했지.

그러는 사이 다윈은 《비글호 항해기》를 출간했고, 영국 왕립학회 회원이 되었으며 외사촌인 엠마 웨지우드와 결혼했어. 그녀는 다윈이 갖은 육체적·정신적 고통을 감수하면서도 자신의 생각을 펼칠 수 있도록 곁에서 도와주었다고 해.

"엠마, 난 진화론을 뒷받침할 증거를 찾으며 《종의 기원》이라는 책을 쓰고 있소. 생물은 저절로 생겨났고, 환경에 의해 변화하면서 새로운 종으로 창조된다는 내용이지."

"기독교인들이 알면 난리 나겠군요. 그래도 꿋꿋이 해 나갈 거죠?"

"당연하지. 난 갈라파고스 핀치를 보고 깨달은 내 생각이 맞았다는 것을 반드시 증명해 보일 거요."

그런데 1858년, 러셀 윌리스가 보내온 논문을 보던 다윈의 얼굴이 하얗게 질려버렸어. 다윈은 큰 충격을 받고 휘청거렸지.

"여보, 왜 그러세요?"

"엠마, 큰일 났어. 지난 20년간의 연구가 물거품이 된 것 같아. 윌리스가 나보다 한발 빨랐어. 내가 책으로 내려던 것과 비슷한 내용이야. 가장 강하고 힘센 것만이 살아남는다. 모든 생명체는 치열한 생존 경쟁에서 살아남기 위해 진화해 왔다는 내 주장과 같아."

때마침 이 사실을 알게 된 친구들이 부랴부랴 다윈을 찾아왔어.

"다윈, 이대로 포기해서는 안 되네. 월리스가 주장한 내용은 자네가 이미 예전에 내린 결론이잖나? 그동안 연구해 온 주제의 일부분일 뿐이야. 더 이상 미루지 말고 서둘러 자네의 책을 출판하라고!"

1859년 11월, 다윈은 진화론에 대한 생각을 담아 《종의 기원》을 출간했어. 책은 나오자마자 품절될 정도로 인기가 높았지만, 비난과 반발도 몹시 컸지.

"오, 이 책은 말도 안 돼요! 하나님이 세상을 창조한 것은 불변의 법칙이에요."

그럴수록 다윈은 오기가 났어.

"좋아. 어떻게든 내 이론을 더 확고히 해서 세상 모든 사람들에게 인정받을 거야."

다윈은 창조론이 대세였던 시대에 진화론을 발표하고 죽는 날까지 그 증거를 찾으며 연구하다가 1882년, 73세의 나이로 세상을 떠났어. 그 후 진화론은 인간 중심 사상의 바탕이 되어 과학과 신학, 사회와 역사, 문화와 예술, 정치 등 모든 분야에 큰 영향을 끼쳤고 다윈만큼 사람들의 생각을 크게 바꾼 과학자는 다시없을 정도라는 평가를 받고 있지.

그렇다면 다윈에게 큰 실마리를 제공한 갈라파고스 핀치는 어떻게 되었을까? '다윈 핀치'라는 이름으로 더 유명해져 갈라파고스 제도의 명물이 되어 세계의 관광객들을 맞이하고 있단다.

다윈의 진화론

1. **진화론이란 무엇일까?**

   진화론이란, 지구상의 생물들이 살아가면서 환경에 적응하고 발전해 간다는 이론이야. 불과 2세기 전까지만 해도 인간은 하느님이 창조한 특별한 존재라는 믿음이 있었지만 19세기 중반에 들어서면서 이런 믿음은 무너지기 시작했어. 그 중심에는 찰스 다윈이 있었지.

   진화론의 창시자, 찰스 다윈

   다윈은 비글호 항해를 통해 지구의 모습이 수백만 년에 걸쳐 차츰 변해왔다는 이론을 받아들이게 되었어. 또 멸종된 거대한 동물들이 지금의 동물들과 비슷한 모습이었다는 것을 발견하고, 과거에 살던 거대한 동물들이 오랜 세월에 걸쳐 몸집이 작은 동물로 변화했을 거라고 생각했지. 결정적으로 갈라파고스 제도에서 섬마다 서로 다른 거북과 핀치를 보고, 원래는 같은 종이었던 것이 서로 다른 환경으로 인해 각자 다른 종으로 변화했다는 이론을 마련한 거야.

   그 후 다윈은 "종은 고정된 것이 아니라 변화한다."에서 나아가 "종은 진화한다."라는 결론을 냈고 생물들의 기원과 생물들이 어떻게 다양하게 진화했는지 설명해 주는 《종의 기원》을 펴냈지.

   그의 이론은 유리한 조건을 가진 종을 자연이 선택해서 살아남게 한다는 '자연 선택론', 다른 생물보다 주어진 환경에 더 알맞은 조건을 가진 생물이 살아남는다는 '적자생존론' 등 구세대의 이론을 깬 다양한 생각을 낳게 하였고, 사회사상에도 지대한 영향을 끼쳤어.

2. 갈라파고스 제도는 어떤 곳일까?

남아메리카 대륙에서 1000 km 떨어진 동태평양에 위치한 갈라파고스 제도는 19개의 크고 작은 섬으로 이루어져 있어. 이곳은 '살아 있는 진화의 전시장', '자연사 박물관'이라 불릴 만큼 매우 독특한 생태계로 유명하지. 1535년 에스파냐의 신부였던 베를랑가에 의해 발견되었을 때는 무인도로 큰 거북이 많이 살고 있었다고 해. 거북을 에스파냐어로 갈라파고스라고 하는데, 이 제도의 이름은 여기에서 비롯된 것이지.

지금도 지진과 화산 활동이 진행 중이기 때문에 섬이 만들어진 과정을 고스란히 볼 수 있고, 물리적으로 떨어져 있는 섬들의 자연환경은 큰 차이를 보여. 그래서 이곳의 동식물은 섬의 환경에 따라 종, 생김새, 습성 등이 달라졌지.

1845년, 다윈이 발간한 《비글호 항해기》에 의해 독특한 생물상이 널리 알려진 후 20세기 초까지 수많은 사람들이 진화의 흔적을 보기 위해 끊임없이 찾아왔고, 동물을 마구잡이로 잡아들여 많은 동식물이 멸종 위기에 이르렀어. 1934년 동물 보호 구역으로 지정되면서 가까스로 멸종 위기를 피할 수 있었고, 1959년에는 국립 공원으로 지정되어 고유 생물들을 보존하기 위해 노력하고 있다고 해.

갈라파고스 거북

갈라파고스 이구아나

갈라파고스 펭귄

🌸 진화론은 진화하고 있다고?

다윈은 갈라파고스 제도를 탐사하며 마주친 작은 핀치 새로부터 흥미로운 점을 발견했어. 다윈이 보기에 자연 상태의 생물은 자신이 살아가는 환경에서 생존하는데 최대한 유리한 형질을 선택하는 것처럼 보였지.

그는 핀치의 부리를 근거로 하나의 종이 서로 다른 서식 환경에 적응하면서 여러 종으로 분화했을 것이라며 핀치의 계통도를 그린 거야.

다윈은 당시 지배적이었던 교리에 맞서는 용기를 보여 주었지만, 그

다윈이 그린 여러 종류의 핀치

는 자신의 이론에 오류가 있다는 점을 인정하고 후대 사람들이 밝혀주기를 바랐어. 바로 변이가 일어나는 체제를 명확히 밝혀내지 못한 점이었지. 그 당시에는 유전자에 대한 개념이 없었거든.

다행히도 얼마 지나지 않아 오스트리아의 수도사 멘델은 7년에 걸쳐 완두콩을 재배하면서 자손의 특성은 양쪽 부모에게서 물려받지만, 특정 형질은 다른 형질보다 우위에 있다는 점을 발견한 거야. 즉, 형질은 더 이상 작게 나뉘지 않는 작은 입자, 바로 유전자를 통해 전달된다는 점이었지.

그 후 유전학은 빠르게 발전하여 지금은 유전자 복제도 가능한 시대가 되었어. 다윈의 진화론은 이렇게 끊임없이 진화하고 있었던 거야.

세상에서 가장 특별한 새 이야기

5

문학계의 미운 오리 새끼,
안데르센

안데르센은 배우의 꿈을 좇아 14살의 어린 나이에
고향을 떠나 코펜하겐으로 갔어.
그는 미운 오리 새끼 취급을 당하며 큰 좌절을 겪게 되었지.
하지만 어떤 역경에도 굴하지 않고
뛰어난 창작력을 불태운 안데르센은
'동화의 아버지'라고 불리고 있어.
그 과정이 궁금하지 않니?

 보통의 오리들과 다르게 생겼다는 이유로 주변 오리들에게 괴롭힘을 당하던 새끼 오리에 관한 동화를 알고 있니? 처음에는 불쌍한 미운 새끼 오리를 어미 오리가 다독여 주었지만, 이내 어미 오리마저 '미운 새끼 오리가 사라져 버렸으면 좋겠다.'라고 생각해. 이에 마음에 큰 상처를 입은 미운 새끼 오리는 집을 떠나 방황을 하지. 춥고 외로운 겨울을 보낸 미운 새끼 오리는 우연히 자신이 날 수 있다는 것을 알게 돼. 못생긴 오리인줄만 알았던 자신이 사실은 그토록 동경하던 아름다운 백조였다는 이야기야.

어떤 동화인지 알겠니? 바로 〈미운 오리 새끼〉야. 동화 속 미운 오리 새끼는 작가인 안데르센을 의미한다고 해. 미운 오리 새끼였던 그가 어떻게 아름다운 백조로 변하게 되었는지 살펴볼까?

빌헬름 페데르센이 그린
〈미운 오리 새끼〉 삽화

안데르센은 1805년 덴마크의 오덴세에서 태어났어. 가난한 구두 수선공이었던 그의 아버지는 어려운 환경 속에서도 어린 아들이 상상의 나래를 펼 수 있도록 많은 이야기를 해 주었지. 특히 아버지가 직접 지은 인형극 공연을 해 줄 때가 안데르센은 무엇보다 좋아.

"우리 집에는 책이 별로 없지만, 아빠의 머릿속에는 재미있는 이야기가 가득 들어 있단다. 한번 들어볼래?"

"네. 아빠!"

"사자가 잠에서 깨지 않도록 나무꾼은 숨소리도 내지 않고 살금살금 걸어갔어. 그런데 갑자기 어디선가 파리 한 마리가 날아와 나무꾼의 콧구멍으로 날아 들어갔지. 그 후 어떻게 되었을까?"

"저라면 코를 막아 버렸을 것 같아요. 합, 이렇게요!"

"그거 괜찮은 생각이구나."

"하하. 아빠, 저는 나중에 커서 연극배우가 되고 싶어요."

"안데르센, 연극이 그렇게 좋니? 아빠는 선생님이 되고 싶었지만 가난 때문에 포기했단다. 하지만 너는 그러지 말거라. 네 꿈을 꼭 이루렴!"

안데르센이 혼자서 인형을 만들 수 있는 나이가 되자, 그는 인형을 가지고 배우처럼 혼자 놀기를 좋아했어.

무엇이든 곧잘 하는 안데르센은 집안 어른들의 기대를 받으며 자랐어. 안데르센에게 자주 옛날이야기를 들려주던 할머니는 실 잣는 방에서 함께 일하는 동네 할머니들에게 늘 손자 자랑을 했지.

"우리 안데르센처럼 재능 많은 아이는 아직껏 본 적이 없어. 시 낭송과 노래도 잘하고 손재주도 좋아서 별 걸 다 만들 줄 안다니까!"

안데르센이 보통의 아이들과 다르다는 것은 학교에 다니면서부터 뚜렷하게 드러났어. 안데르센은 친구들과 함께 노는 것이 즐거웠지만, 아이들은 안데르센이 이상하다며 비웃었지.

"나는 셈하는 것이 빠르니까 나중에 귀족 밑에서 일할 거야."

"그래? 그렇다면 내가 특별히 너를 써 줄게. 나는 원래 귀족의 아들인데 천사의 실수로 가난한 구두 수선공의 아들과 바뀐 거야."

"우리 집보다도 가난한 주제에 말도 안 되는 소리를 하고 있어."

안데르센은 인형극을 할 때처럼 새로운 이야기들로 아이들을 즐겁게 해 주고 싶었지만, 그럴 때마다 아이들은 코웃음을 치며 안데르센의 머리가 이상하게 된 것 같다고 놀려댔어.

이 무렵 덴마크는 프랑스의 동맹군으로 영국과 전쟁을 치르고 있었고 하루빨리 가난에서 벗어나고 싶었던 아버지는 자원하여 군대에 들어갔지. 하지만 아무런 공도 세우지 못하고 집으로 돌아온 아버지는 예전의 밝고 건강한 사람이 아니었어. 몸과 정신이 온전치 못했던 아버지가 세상을 떠나자 어린 안데르센은 더욱더 외톨이가 되고 말았지.

안데르센의 어머니는 홀로 생계를 꾸리느라 손이 다 닳도록 온갖 궂은 일을 도맡아 하셨고 그런 어머니의 모습을 지켜보던 그는 어린 나이임에도 불구하고 자신의 작은 재주를 살려 돈벌이에 나섰어.

그렇게 상류층 사람들 앞에서 노래와 시 낭송을 하며 칭찬을 받고 돈도 벌었지만, 안데르센은 더 큰 무대에서 연기를 하고 싶었어.

"저 아이는 이런 시골에서 묻히기엔 너무 아깝군."

"놀랍구나. 작품을 이해하는 능력이 좋아. 어린 나이에 이렇게 섬세하고 풍부하게 감정 표현을 할 수 있다니!"

'아버지, 하늘에서라도 지켜봐 주세요. 언젠가는 보란 듯이 큰 무대에서 공연하는 연극배우로 성공하고 말 테니까…….'

1818년, 14살의 소년 안데르센은 고향을 떠나 수도인 코펜하겐의 왕립 극단에 들어가기로 마음먹었어.

"어머니, 전 왕립 극단의 배우가 되고 싶어요."

"안데르센, 재단사가 되어 고향에서 안정적으로 사는 게 어떻겠니? 너의 뛰어난 손재주라면 충분히 먹고살 수 있을 거야."

"저는 그렇게 살고 싶지 않아요."

결국 어머니는 안데르센의 고집을 꺾지 못했고, 안데르센은 오덴세 지역 귀족들이 써 준 소개장과 푼돈을 가지고 코펜하겐으로 향했어.

코펜하겐에 도착한 안데르센은 이미 왕립 극단의 배우가 된 것 같은 기분이었지만, 이내 추천장을 가지고 찾아간 사람들에게 모두 거절당하고 말았지.

"당신의 열정은 좋지만, 배우는 그것만으로 되는 것이 아닙니다."
"너는 외모도 별로고, 변성기도 지나지 않았구나. 배우가 되긴 힘들겠어!"
"너 같은 아이가 왕립 극장 무대에 서겠다고? 괜히 고생하지 말고 고향으로 돌아가거라."

연이은 거절에 의기소침해진 안데르센은 가게 앞 유리창에 서서 자신을 바라보았어. 제 딴에는 신경 쓴 것이지만 빼빼 마른 몸에 낡고 헐렁한 옷차림의 촌뜨기 소년. 아무도 거들떠보지 않는 게 당연했어. 커다란 모자를 푹 뒤집어 쓴 안데르센의 눈에 눈물이 아른거렸단다.
"이대로 포기할 수는 없어! 아직 찾아가지 않은 곳이 남았잖아."

가까스로 자신을 추스른 안데르센은 음악원 교장 선생님의 집을 찾아 나섰어. 마침 그 집에서는 모임이 열리는 중이었고, 안데르센은 사정사정하여 간신히 노래할 기회를 얻었지. 마지막이라는 심정으로 간절함을 담아 노래를 부르기 시작하자, 초라한 소년의 모습은 사라지고 사람들의 이목을 끄는 배우로 바뀐 거야.

"우아~, 어린애가 꽤 잘하는데요!"

노래가 끝나자 여기저기서 웅성거렸어. 모두들 꽤나 감동을 받은 눈치였지. 안데르센의 사정을 들은 음악원 교장 선생님은 결국 그에게 도움을 주기로 했어.

"나도 어려운 환경에서 힘들게 공부해서 네 사정을 이해한단다. 꿈을 포기하지 말거라!"

교장 선생님의 호의 덕분에 안데르센은 노래를 배우고 오페라 가수들과의 친분을 쌓을 수 있었어. 낯선 코펜하겐에서 처음 경험하는 행복한 나날이었단다.

하지만 안타깝게도 그 행복은 얼마 못 가 깨지고 말았어. 안데르센에게 변성기가 찾아온 거야. 아무리 예전처럼 노래하려고 애를 써 봤지만 까마귀 울음처럼 낯선 목소리만이 흘러나왔지.

"선생님, 전 이제 어떻게 해야 하나요? 그나마 사람들이 좋아해 주던 노래를 더 이상 할 수 없게 되었으니……."

"안타깝게 됐구나! 안데르센, 이제 그만 고향에 돌아가서 네가 할 수 있는 다른 일을 찾아보는 게 어떻겠니?"

이대로 끝낼 수 없었던 안데르센은 고향 사람, 코펜하겐에서 새로 알게 된 지인 등에게 도움을 요청하는 편지를 썼어.

"자네의 딱한 사정을 들으니 도움을 주고 싶네. 그런데 쓴 편지를 보니 글씨도 문법도 엉망인 것 같은데, 학교에 다녀 보는 것은 어떤가?"

"당신의 연기를 본 적이 있어요. 재능이 있기는 한 것 같은데 배우가 되기에는 교양이 부족해요."

안데르센은 당장 무대에서 연기를 하고 싶었지만, 모두들 그에게 공부를 더 해야 한다는 조언만 하는 거야. 게다가 절망적인 생활을 하는 동안 그의 자신감은 바닥으로 떨어졌지.

'내가 그렇게 부족한가? 학교에 다니려면 학비와 생활비가 만만치 않을 텐데……. 그 돈은 어떻게 마련해야 하지?'

노래를 부를 수 없게 된 안데르센은 돈을 벌 방법이 막막했어. 몇 날 며칠을 고민한 끝에, 연극 대본을 써 보기로 마음먹었지.

'그래. 무대에서 노래를 부를 수 없다면, 대본을 팔아서 공부를 시작하는 거야. 아버지가 나를 위해 해 주셨던 인형극처럼 나도 누군가에게 감동을 줄 수 있는 이야기를 쓸 수 있지 않을까?'

안데르센은 며칠 밤을 새워 가며 쓴 대본을 왕립 극장에 보냈어.

『안데르센, 당신의 작품은 인상적이었지만 극장에 올릴 만한 수준에는 미치지 못하는 것 같습니다. 재능은 있으니 좀 더 공부해서 다음 기회에 더 좋은 작품으로 만날 수 있기를 바랍니다.』

마지막 기회라고 생각했던 안데르센은 크게 절망했어.

'이제 정말 어떻게 해야 하나……. 반대를 무릅쓰고 여기까지 왔는데, 실망하신 어머니의 얼굴을 어떻게 보지?'

그런데 기적적으로 또 한 번의 기회가 주어졌지. 그의 딱한 소식을 접한 왕립 극장의 단장, 콜린이 안데르센을 후원하기로 한 거야.

"내가 왕께 부탁해서 너의 학비와 생활비를 마련해 보도록 하마. 일단 공부를 끝마치고 나서 글을 써 보는 게 어떻겠니?"

그렇게 배우가 되기 위해 코펜하겐에서 힘들게 버티던 안데르센은 슬라겔세 문법학교(라틴어 문법이나 문학을 가르치던 서양의 중등 교육 기관)의 학생이 되었어. 가장 낮은 학년으로 들어간 안데르센은 자기보다 훨씬 어린 동급생들을 따라잡기 위해 노력하면서 무대에 설 수 없는 답답한 심정을 틈틈이 글로 표현했지.

『나는 지금 깊은 절망에 빠져 있어. 이 시에 절실히 나타난 내 생각과 감정들을 너라면 느낄 수 있을 거야…….』

특히 안데르센이 코펜하겐의 친구에게 보낸 〈죽어 가는 아이〉라는 시는 독일 신문에 실릴 정도로 사람들의 관심을 끌기도 했어.

엄마, 너무 지쳐 쉬고만 싶어요.
엄마 품에서 잠들게 해 주세요.
엄마의 눈물이 내 뺨을 적시네요.
여기는 춥고, 밖은 폭풍이 일지만,
가물거리는 내 눈앞에 천사들이 보여 난 그만 눈 감아 버려요.

6년간의 공부를 마친 안데르센은 작가로 성공하겠다는 새로운 꿈을 가지고 시, 소설, 희곡 등 다양한 작품들을 습작했어. 또한 콜린의 가족과도 친하게 지내며 그의 아들 에드바르와와 둘도 없는 친구가 되었지. 안데르센은 그에게 가끔 속마음을 털어놓곤 했단다.

"에드바르와, 난 글을 쓰지 않고는 못 배기겠어. 머릿속에서 누군가 끊임없이 재촉하는 거 같다니까. '안데르센, 뭐해? 어서 글을 써. 어서!'라고 말이야."

"하하하, 그래서 이 작품을 썼다는 거지?"

에드바르와가 책상 위에 놓여 있던 〈도보 여행기〉를 훑어보았어. 12월 31일 밤부터 1월 1일 새벽까지 거리를 걷던 주인공이 신기한 일을 목격한다는 내용의 환상적인 동화였지. 책을 내 주겠다는 출판사가 없어 안데르센이 본인 돈으로 인쇄했지만, 많은 사람들이 그의 글을 읽는 계기를 만들어 줬단다.

하지만 많은 사람들이 그의 책을 읽을수록, 문법이 엉망이고 공상과 허영이 가득 찬 글이라는 비난이 뒤따랐어. 사람들은 가난한 구두 수선공의 아들이, 돈이 없어 도움을 받아 겨우 공부하고 생활했던 사람이 위대한 작가가 되었다는 것을 받아들일 수 없었던 거야. 그들에게 안데르센은 '미운 오리 새끼' 같은 존재였지.

"에드바르와, 내가 가난하고 훌륭한 가문에서 태어나지 못한 게 왜 사람들에게 비난받는 이유가 되어야 하지?"

"머리도 식힐 겸 외국으로 여행을 떠나 보는 것은 어때?"

그렇게 친구의 조언을 받아 처음 한 외국 여행을 토대로 안데르센은 《즉흥시인》이라는 소설을 썼고, 또다시 이름을 널리 알렸어. 국내의 비평가들에게는 무시당했지만, 독일, 영국, 미국, 러시아, 프랑스 등에서 번역되어 세계적인 작가라는 이름을 얻었지.

또한 안데르센은 아버지의 이야기를 들으며 행복했던 어린 시절을 떠올리며 《어린이들에게 들려주는 놀라운 이야기들》이라는 첫 번째 동화 모음집을 출판했어. 덴마크에 전해 내려오는 이야기, 여행하면서 들은 다른 나라의 이야기, 창작한 이야기들이 담겨 있었지.

"이런 말도 안 되는 이야기들을 쓰다니!"

안데르센의 동화에 대한 평론가들의 반응은 싸늘했지만, 그의 동화는 여러 나라 어린이들에게 큰 사랑을 받았어. 그 사랑에 보답하듯 안데르센은 아이들을 위해 더 많은 글을 써내려갔지. 〈인어 공주〉, 〈성냥팔이 소녀〉, 〈눈의 여왕〉, 〈벌거벗은 임금님〉, 〈엄지 공주〉, 〈백조 왕자〉 같이 우리가 잘 알고 있는 동화가 모두 그렇게 태어났단다. 안데르센은 자신의 이야기를 담은 이야기를 자주 썼는데 그중에서도 〈미운 오리 새끼〉는 특히 더했어.

"하루는 길을 가다 어미 오리를 따라 뒤뚱뒤뚱 걷는 새끼 오리들을 보았죠. 그런데 그 끝에서 힘겹게 뒤따라가는 유난히 못생긴 오리 한 마리가 눈길을 끌었어요. 그러자 코펜하겐의 잘난 사람들 틈에 끼지 못하고 늘 주변을 맴돌던 시절이 생각나더군요."

"왜 그랬을까요?"

"못생기고 잔뜩 주눅 든 채 홀로 떠도는 새끼 오리가 마치 배운 것 없고 교양이 부족하다는 이유로 무시당하던 때의 제 모습 같았거든요. 그래서 저는 생김새가 다르다는 이유로 이리저리 구박만 당하던 새끼 오리가 우아한 백조가 되어 하늘 높이 날아오르게 했답니다. 어때요? 가난한 시골 촌뜨기에서 동화 작가로 다시 태어난 제 인생과 닮은 이야기 같지 않나요?"

1875년, 70세의 안데르센은 동화의 아버지다운 말을 남기고 조용히 눈을 감았어.

"인생은 여행이다. 내 인생은 한 편의 동화와 같았다."

안데르센은 평생 동안 세계 각국을 여행하며 새로운 것을 보고 여러 사람과 만나면서 느낀 것들을 녹여 많은 작품들을 남겼어. 또한 여행지에서 안데르센이 친구들에게 보낸 편지, 꼼꼼하게 만든 종이공작, 가방, 우산, 지팡이 등 그가 남긴 모든 것은 매우 귀중한 자료로 소중히 여겨져 지금껏 박물관에 전시되고 있단다.

가난한 구두장이 아들로 태어나 미운 오리 새끼처럼 살다 마침내 세계적인 동화 작가가 되어 엄청난 인기를 얻고 부와 명예를 쌓아 백조처럼 높은 하늘을 유유히 날아올랐던 안데르센.

오늘날 안데르센의 동화는 전 세계에서 성경과 셰익스피어의 작품 다음으로 많이 읽힌다고 해. 게다가 나이에 상관없이 폭넓은 사랑을 받으며 연극과 발레, 뮤지컬과 영화로도 재탄생되어 우리 삶 곳곳에 살아 숨 쉬고 있단다.

안데르센의 일생과 동화

1. 안데르센의 일생

안데르센은 1805년 덴마크의 오덴세라는 마을에서 태어났어. 가난한 구두 수선공이었지만 문학을 좋아했던 아버지의 시적 재능을, 어머니로부터 신앙심을, 할머니로부터 공상가로서의 기질을 물려받았다고 해. 안데르센은 어린 나이에 배우가 되고자 코펜하겐에 갔으나, 노력의 결실을 보지 못하고 꿈을 접어야 했어. 다행히 은인인 요나스 콜린의 도움으로 공부를 계속하면서 글을 쓰기 시작했지.

동화의 아버지, 안데르센

그는 1833년 이탈리아 여행을 하면서 받은 영감으로 《즉흥시인》을 써 작가로서의 이름을 알렸고, 같은 해에 내놓은 《동화집》으로 유명해졌어. 안데르센의 동화집은 매년 크리스마스에 아이들이 받고 싶은 선물로 큰 인기를 끌었다고 해.

1875년, 안데르센이 70세의 나이로 죽었을 때 덴마크에서는 전 국민이 그의 죽음을 슬퍼하였어. 그는 세상을 떠났지만, 거의 130여 편에 달하는 그의 동화는 전 세계에서 여전히 사랑받고 있지.

안데르센 기념관으로 꾸며진 그의 생가

안데르센 기념관

2. 안데르센 동화의 특별한 점은 무엇일까?

안데르센은 새로운 형식의 동화를 썼어. 기존 작품보다 줄거리가 길면서 기승전결의 짜임새가 있고 교훈보다는 재미를 우선했지. 게다가 그가 쓴 동화 속 등장인물들은 대화를 읽고 성격과 신분을 짐작할 수 있을 만큼 생동감이 넘쳤어.

그는 어떻게 이런 동화를 쓸 수 있었을까? 해답은 그의 삶 속에서 찾아볼 수 있어. 안데르센은 잊지 못할 가슴 아픈 사랑을 간직하며 혼자 살았어. 약혼자가 있는, 사랑해서는 안 될 사람을 사랑했고 그 기억을 인어 공주의 가슴 아픈 사랑 이야기로 그려 냈지.

인어공주 동상
(덴마크 코펜하겐)

또한 아주 가난했던 어머니의 어린 시절 이야기와 성냥을 들고 있는 어린 소녀의 그림을 보고는 성냥불에 추운 몸을 녹이는 성냥팔이 소녀의 이야기를 써 낸 거야.

실제로 안데르센은 무척 가난하고 어려운 생활을 했고 초기 작품들은 비평가들로부터 인정받지 못해 고통을 받았어. 하지만 안데르센은 자신의 아픔을 밑바탕으로 걸작을 만들어 내서, 미운 오리도 백조처럼 고귀한 존재가 될 수 있음을 몸소 보여 줬어.

안데르센과 미운 오리 새끼 동상
(뉴욕 센트럴 파크)

무엇보다도 안데르센의 동화가 큰 사랑을 받는 까닭은 그의 동화가 아름다운 환상의 세계와 따스한 마음을 담고 있기 때문일 거야.

🌸 안데르센의 생일에는 특별한 의미가 있다고?

안데르센의 생일은 4월 2일이야. 그런데 이 날은 '세계 어린이 책의 날'이라고 해. 안데르센이 살던 시절에는 어린이를 위한 책이 흔하지 않았어. 그는 어려운 글이 아닌, 이야기하듯 들려주는 동화를 썼고 큰 인기를 얻었지. 그래서 안데르센의 생일을 기념하여 어린이들에게 책 읽기를 권장하고 동화책에 대한 관심을 고취하자는 의미로 세계 아동 도서 협의회가 '세계 어린이 책의 날'로 정한 거야. '동화의 아버지'란 그의 별명에 알맞은 생일이지?

🌸 솜씨 좋은 재주꾼 안데르센

안데르센은 손수 장난감을 만들어 주었던 아버지를 닮아 손재주가 뛰어났다고 해. 가위와 종이만 있으면 별별 모양을 다 만들어 내 많은 사람들에게 종이 조각 작품을 선물했을 정도였지. 그 재주가 얼마나 뛰어난지 안데르센 박물관은 그가 종이를 오려 만든 작품을 그림으로 그려 간판으로 내걸었단다.

안데르센이 남긴 종이 조각 작품

또한 안데르센은 바느질도 잘했어. 천 조각을 모아 헝겊 인형을 만들고 그것을 이용하여 인형극을 하기도 했지. 하도 헝겊 인형을 많이 만들어서 안데르센이 어렸을 때 어머니는 그의 꿈이 재단사인 줄 알았대.

세상에서 가장 특별한 새 이야기

6

필드 위의 알바트로스,
진 사라센

뛰어난 비행 능력을 지닌 알바트로스는
높이, 멀리 나는 새로 유명해.
166cm 작은 키의 진 사라센은
자신의 한계를 극복하기 위해 샌드 웨지를 만들고
골프 역사상 가장 극적인 알바트로스를 날렸어.
작은 거인, 진 사라센은 어떻게 알바트로스로처럼
필드에서 날아오르게 되었을까?

알바트로스는 바다를 터전으로 삼고 사는 새야. 그 생김새는 거위와 비슷한데 몸길이는 90 cm, 활짝 편 날개의 길이는 2 m 정도 된다고 해. 몸은 흰색, 날개와 꽁지는 검은색, 부리는 분홍색이고 매우 크지.

비행력이 아주 강한 알바트로스는 가장 멀리, 높이 나는 새로 더 유명해. 바람이 부는 날이면 길고 좁은 날개를 움직이지 않고도 수 시간 동안 날 수 있어. 다만 그 수가 급격히 줄어 최근에는 국제적으로 보호를 받고 있다고 해. 그런데 그런 알바트로스를 우리는 골프 경기를 중계하는 방송에서 더 자주 들어볼 수 있어. 알바트로스가 골프장에 왜 날아들 었을까? 그 이유가 궁금하지 않니?

알바트로스

"신문 사세요. 따끈따끈한 아침 신문 사세요!"

이른 아침, 기차역으로 들어가려던 남자가 신문을 사며 물었어.

"얘야, 넌 몇 살이니? 아직 학교도 안 다니는 모양인데……."

"여섯 살이요. 이제 몇 달 후면 학교에 다닐 거예요."

이 아이가 바로 골프 역사상 가장 기적적인 알바트로스를 기록하게 될 진 사라센이었지. 골프에서 알바트로스는 한 홀의 정해진 기준보다 3개가 적은 타수로 공을 지름 11 cm도 안 되는 작은 컵에 넣는 것을 말해. 예를 들어 총 5번 쳐서 넣을 거리에서 공을 2번 만에 넣는 거야. 아주 어렵겠지?

진 사라센이 태어난 1902년의 미국은 매우 어수선했어. 남북 전쟁이 끝나고 노예 제도는 폐지되었지만 흑인들은 여전히 차별받았고 노동자들의 파업과 싸움도 끊이지 않았지. 거기다 세계 각국의 사람들이 일자리를 찾아 미국으로 모여 들어 번잡했거든.

"우리도 미국으로 갑시다. 미국에는 아직 개발되지 않은 땅과 일자리가 아주 많답니다!"

사라센의 부모님도 일자리를 찾기 위해 이탈리아에서 미국으로 건너온 가난한 이민자였어. 그의 아버지는 솜씨 좋은 목수였으나 영어를 하지 못해 어려움을 겪고 있었지. 그래서 사라센은 가계에 보탬이 되고자 일찌감치 가리지 않고 닥치는 대로 일을 시작한 거야.

그러던 어느 날, 사라센은 동네 사람들의 이야기를 듣게 되었어.

"골프장에서 캐디 일을 하면 돈을 꽤 번다네."

"그뿐 아니라 사람들이 경기 중에 잃어버린 공을 주워다 팔면 돈이 제법 된다더군."

사라센은 당장 마을 근처의 골프장을 찾아갔어. 초록빛 잔디가 깔린 언덕과 곳곳의 나무숲 사이로 인공 호수가 있는 골프장은 그림처럼 아름다운 모습으로 이내 그의 마음을 사로잡았지.

"저에게 캐디 일을 맡겨만 주세요. 열심히 하겠습니다."

"얘야, 캐디가 무슨 일을 하는지 알고는 있니?"

"그럼요! 골프 치는 사람을 따라다니는 심부름꾼이잖아요?"

"허허, 어린 녀석이 맹랑하구나. 그래. 한번 해 봐라."

사라센은 단순한 심부름꾼이 되고 싶지는 않았어. 골퍼의 조언자이자 필드의 안내자처럼 일하고 싶었지. 다른 아이들이 골프공을 주워 파는 일에 신경 쓰는 동안 골퍼들을 관찰하고 골프에 대해 연구하며 캐디 일에 충실했어.

그랬던 그가 골프의 매력에 빠지게 된 것은 아주 우연한 일이었지. 제멋대로 친 골프공이 큰 포물선을 그리며 잔디밭에 착 올라간 거야.
'아~, 사람들이 이 매력에 푹 빠져 골프를 치는구나!'

그 후로 사라센은 선수들의 경기 모습을 더 유심히 관찰하고 손님이 없을 때면 어깨너머로 본 것을 떠올리며 연습을 했어. 이따금씩 골프공이 또르르 굴러 컵 안으로 쏙 들어갈 때의 기쁨이란 말로 표현할 길이 없었지.

"아버지, 전 골프 선수가 될래요."

"골프는 무슨, 남자라면 돈을 벌어 가족을 먹여 살려야지. 기술만 있으면 학교에 가지 않아도 먹고살 수 있으니까 목수 일이나 열심히 배워!"

끝내 아버지의 고집을 꺾지 못한 사라센은 학교를 그만 두고 목수 일과 골프 연습을 함께 하기 시작했어. 게다가 그는 다른 남자 선수들에 비해 체구가 작아 힘이 부족한 편이었지.

"난 내 약점들을 모두 극복하고 보란듯이 프로 선수가 될 거야!"

사라센은 스스로를 채찍질하며 기본에 충실한 연습을 반복했어. 신체적 약점을 보완하고자 자기 키보다 긴 골프채로 하루 7시간씩 꼬박꼬박 연습에 매달렸단다.

"좋아! 왼발을 살짝 들고 체중을 옮겨서 최대한 힘을 이끌어 내면 공을 더 멀리 보낼 수 있겠군."

1922년, 긴긴 노력 끝에 사라센은 전미 오픈 골프 선수권 대회에 출전 기회를 따냈고 기적적으로 우승을 차지했어.

"믿을 수 없어. 내가 세계 최대의 골프 오픈 선수권 대회에서 우승하다니……. 하지만 이게 끝이 아니야. 지금부터 시작인 거야!"

사라센은 그해와 다음해 미국 남자 프로 골프 협회 선수권 대회에서 연달아 우승하면서 메이저 대회 2관왕을 달성하고 단숨에 세계적인 골프 스타로 이름을 날리게 되었지.

하지만 사라센은 얼마 못 가 큰 고민에 빠지고 말았어. 경기 중에 벙커(골프장의 코스 중, 모래가 들어 있는 우묵한 곳)에 들어간 공을 쳐내는 것이 마음먹은 대로 되지 않았던 거야.

"휴~, 이걸 어쩌지. 벙커 샷을 잘할 수 있는 방법이 어디 없을까?"

그러던 어느 날, 사라센은 억만장자인 하워드 휴즈와 비행기를 탈 기회가 있었어. 영화 제작자인 휴즈는 프로 골퍼이자 항공기 조종까지 할 수 있는 다재다능한 사람이었지.

"사라센, 저걸 좀 보게. 비행기는 뒷날개의 플랩을 올리고 기체의 꼬리 부분을 낮추면서 이륙한다네. 마치 거대한 새처럼 말이야. 정말 멋지지 않나?"

"꼬리 날개의 지느러미 같은 핀이 펄럭이는 역할을 하는 건가?"

"그런 셈이지. 꼬리 날개의 핀이 비행기가 사뿐히 떠오를 수 있도록 도와준다네."

기발한 생각이 번뜩 떠오른 사라센은 깊은 생각에 잠겨 집으로 돌아와 자신의 아이디어대로 골프채를 만들기 시작했지.

"흠, 9번 아이언 헤드 뒷면 바닥에 금속을 대어 볼까? 납땜을 해서 더 두껍게 만들면 공을 내 맘대로 다룰 수 있을 것 같은데……."

사라센은 그렇게 차고에 틀어박혀 며칠 밤을 꼬박 새웠어.

"여러 번의 시행착오 끝에 드디어 새로운 골프채가 만들어졌군!"

그는 뒤뜰에 벙커를 만들어 놓고 개선을 거듭하면서 자기가 직접 만든 골프채를 손에 익혔어. 수없는 연습 끝에 결국 자유자재로 모래에 묻혀 있던 공을 띄울 수 있게 되었지. 공은 한 마리 새처럼 가볍게 휙, 날아올랐단다.

"오, 이젠 됐어! 이 골프채만 있으면 벙커 샷도 문제없다고!"

사라센은 뛸 듯이 기뻐하며 새로운 골프채를 사용할 날만 기다렸어. 1932년, 전영 오픈 골프 선수권 대회에 출전하게 된 그는 새로 만든 골프채를 가방 속 깊이 숨긴 채 영국으로 날아갔지.

'까다로운 영국 골프 협회가 이 골프채를 사용하지 못하게 하면 큰일인데……. 경기가 시작되면 협회도 어쩔 수 없으니까 그전까지는 어떻게든 숨겨야 해!'

다행히 그의 골프채를 눈여겨보는 사람은 없었고 사라센은 공이 벙커에 빠졌을 때마다 이 비밀 병기를 꺼내 마음껏 휘둘렀지. 결국 진 사라센은 2위를 크게 따돌리면서 우승컵을 품에 안았단다.

그 후 열린 전미 오픈 골프 선수권 대회에서도 사라센은 새로 만든 골프채 덕분에 우승했어. 그가 우승을 거듭하자 그의 비밀 병기는 사람들의 이목을 끌었지.

"이번에 사라센이 연이어 메이저 대회에서 우승한 것은 새로 만든 골프채 덕분이라더군."

"샌드 웨지라고 하던데."

"딱 어울리네. 모래에 묻힌 공도 자기 마음대로 다룰 수 있다니 정말 대단한 골프채야."

그 뒤 사라센이 만든 이 샌드 웨지는 대량으로 생산되어 벙커에서 놀라운 힘을 발휘하는 골프채로 이름을 떨쳤다고 해.

1935년 4월, 골프 역사에 길이 남을 명승부가 펼쳐졌어. 바로 진 사라센과 크레이그 우드의 제2회 마스터즈 골프 대회 결선 경기였지. 우드가 3타를 앞선 상황이라 그가 큰 실수를 하지 않는 이상 역전하기 힘든 경기였기에 사실상 사라센에게는 거의 희망이 없는 순간이었단다.

"끝났어, 반전은 불가능해. 난 우드가 우승한 걸로 벌써 기사를 다 써 놨다고."

"나도 내일 신문에 실릴 우드의 사진을 미리 찍어 두었지."

일찌감치 기사를 마감한 기자들은 하나둘씩 자리를 뜨고 있었어. 진 사라센과 같은 조로 경기하던 친구조차도 이미 포기한 듯했지.

"사라센, 이제 승부를 떠나 홀가분한 마음으로 즐기자고."

"그런 소린 접어 두게. 골프는 18홀이야. 끝까지 가봐야 안다고!"

15번 홀에 선 사라센이 고집스럽게 말했어. 그리고는 크게 심호흡한 뒤 집중하여 공을 쳤지.

"와, 이글(기준 타수보다 2타 적은 타수로 공을 홀에 넣는 일)이야. 진 사라센은 역시 대단한데!"

"그러게. 근데 기적적인 이글을 또 잡아내지 않는 이상 우승자는 벌써 결정된 것 같아. 크레이그 우드가 경기를 끝냈다더군."

모두가 우드의 우승을 당연하게 생각해도 사라센은 온전히 공에 집중하며 그린을 향해 공을 날렸어. 공은 낮은 포물선을 그리며 홀을 향해 곧장 날아갔지. 잠시, 정적이 흐르더니 이내 갤러리들의 박수 갈채와 환호성이 쏟아지는 거야.

'공이 그래도 꽤 날아간 모양이군. 위치가 좋아야 할 텐데…….'

그가 경기를 마무리하기 위해 이동하기 시작하자 기자들과 갤러리들이 외쳐댔어.

"진 사라센, 알바트로스! 알바트로스!"

그제야 사라센은 자신이 알바트로스를 기록했다는 것을 깨달았어.

"사라센! 당신은 오늘 기적적인 알바트로스를 날렸어요! 골프 역사상 다시없을 기록이라고요. 알고 있나요?"

사라센이 웃으며 대답했어.

"아, 물론이죠. 저는 알바트로스를 아주 좋아합니다."

"하하. 알바트로스는 지나치게 큰 몸집 때문에 우스꽝스럽게 뒤뚱뒤뚱 걸어 다니고 사람들에게 쉽게 잡혀서 '바보 새'라고 불린다죠?"

그러자 다른 기자가 큰소리로 끼어들었지.

"하지만 알바트로스는 가장 높이, 가장 멀리 날아오르기 때문에 하늘에서는 아무도 알바트로스를 따라잡을 수 없어요."

"맞아요! 두 달 안에 지구를 한 바퀴 돌 수 있고, 날개를 퍼덕이지 않아도 하늘을 유유히 날 수 있답니다."

기자와 사라센의 이야기에 귀기울이던 사람들은 놀랐어.

"오, 정말 대단한 새로군요! 하지만 당신이 오늘 기록한 알바트로스도 기적이에요! 그 작은 몸으로 자두만한 공을 600 m 거리에서 단 두 번 만에 11 cm의 작은 홀 안에 집어넣었잖아요?"

결국 사라센은 이 대회에서 연장 끝에 우승을 차지하게 되었고 이 경기는 아직까지도 골프 역사상 가장 빛나는 명승부로 꼽힌다고 해.

가난한 이민자의 아들로 태어난 진 사라센은 역경을 이겨 내고 세계 골프 역사에 빛나는 선수가 되었어. 진 사라센 스스로 필드 위의 알바트로스처럼 높이 날아오른 거야.

골프는 어떤 운동일까?

1. 골프의 시작과 경기 방식

현재와 같은 골프 경기가 시작된 것은 15세기 중반 스코틀랜드였어. 이것이 왕족과 귀족들의 운동으로 영국에서 유행하다가 이민자들에 의해 미국에 전해진 뒤 세계 대전을 겪으면서 전 세계로 퍼져 나간 거야.

골프는 다수의 홀이 갖춰진 경기장에서 정지된 공을 클럽이라고 부르는 골프채로 쳐서 홀에 넣

골프를 치는 아이들
(18세기 스코틀랜드)

는 경기로, 홀에 들어가기까지 걸린 타수가 적은 사람이 승리해.

골프 경기가 이루어지는 정규 코스는 18홀이 기본으로, 홀의 거리와 난이도에 따라 '파(par)'를 정하는데 파란, 기준 타수라는 의미로 파5홀에서는 공을 5번 쳐서 홀에 넣는 것이 기준이란 말이야.

한 홀에서 파보다 하나 적은 타수로 홀에 넣는 것은 버디, 2타 적게 넣는 것은 이글, 3타 적게 넣는 것은 알바트로스라고 하지. 반대로 한 홀에서 파보다 하나 많은 타수로 홀에 넣으면 보기, 2타 많게 넣으면 더블 보기, 3타 많게 넣으면 트리플 보기가 돼. 또 아주 드물게 일어나는 일이지만, 한 홀에서 1타로 공을 넣는 것은 홀인원이라고 해.

2. 골프 경기장은 어떤 모습일까?

골프 경기장은 드넓은 코스에 숲이나 벙커, 언덕, 연못 같은 장애물을 배치해 게임의 재미를 높여.

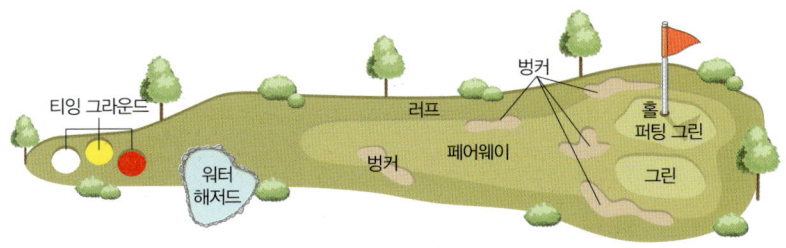

- **티잉 그라운드**: 매 홀 첫 샷을 날리는 지역으로, 흰색은 대회 시합용, 노란색은 남성 골퍼용, 붉은색은 여성 골퍼용이야.
- **워터 해저드**: 호수, 연못, 습지, 냇물 등 의도적으로 설치된 장애물들이야.
- **페어웨이**: 정상적인 공의 통로로, 잔디가 잘 깎여 있어 샷을 날리기 좋아.
- **러프**: 잔디가 덜 다듬어지고 풀이 길어 샷을 날리기 까다로운 지역이야.
- **벙커**: 그린 주변에 여러 개 배치되어 있는 모래 웅덩이야.
- **퍼팅 그린**: 홀(지름 108 mm, 깊이 100 mm 이상)이 뚫려 있는 곳이야.

3. 세계 4대 남성 골프 메이저 대회에는 어떤 것이 있을까?
   - **마스터즈**: 미국의 골프 클럽 오거스타 내셔널이 주관하며 세계의 강자(마스터)들만이 참가할 수 있어. 우승자에게 우승컵 대신 그린 재킷을 주어 그린 마스터즈라고도 불러.
   - **전미 오픈**: 미국에서 열리는 세계 최대의 골프 오픈 선수권 대회로, 50년 이상 된 어려운 코스의 골프 클럽에서만 열리는 것으로 악명이 높아.
   - **전영 오픈**: 세계 최초의 공식 골프 대회로, 스코틀랜드와 잉글랜드의 바다를 낀 골프 클럽에서 진행돼.
   - **PGA 챔피언십**: PGA(미국 프로 골프 협회)가 주관하는 대회로, 프로 선수만 참가할 수 있고 각 지방의 새로운 클럽에서 매년 7월에 열려.

🌸 프로 골프 최초의 커리어 그랜드 슬래머, 진 사라센

골프에서 한 해에 4대 메이저 대회를 모두 석권하는 것을 그랜드 슬램이라고 해. 아직 한 해에 4대 메이저 대회를 모두 석권한 그랜드 슬래머는 없지만 여러 해에 걸쳐 4대 메이저 대회를 모두 석권한 '커리어 그랜드 슬래머'는 몇 명 있어.

프로 골프 최초로 커리어 그랜드 슬램을 달성한 사람은 진 사라센(1935년)이야. 이후 4대 메이저 대회를 제패한 프로 골퍼는 벤 호건(1953년), 게리 플레이어(1965년), 잭 니클라우스(1966년), 타이거 우즈(2000년)까지 5명에 불과하지.

진 사라센

🌸 버디, 이글, 알바트로스의 공통점은 무엇일까?

버디는 어린아이들이 많이 쓰는 말로, 새라는 뜻이야. 여유 있고 가볍게 1타수를 남기고 공을 홀에 넣는 것을 버디라고 하지.

이글은 독수리라는 뜻이야. 버디보다 더 여유롭게 홀인한다고 하여 더 큰 새인 이글을 본 따 기준 타수보다 2타 적은 타수로 홀인한 상황을 말하지.

마찬가지로 이글보다 더 여유롭게 3타수를 남기고 홀인한 상황을 알바트로스라고 해. 미국에서는 '더블 이글'이라고도 하지.

이제 버디, 이글, 알바트로스의 공통점을 눈치챌 수 있겠지? 바로, 모두 새 이름을 본 따 만든 용어라는 점이야.

세상에서 가장 특별한 새 이야기

8

위험을 경고하는 새,
카나리아

전 세계에서 사랑받는 애완용 새, 카나리아.
하지만 100년 전만 해도 광부들이 유독 가스에
신속히 대처하기 위해 탄광에 데리고 들어가는 새였대.
이 조그만 새 덕분에 많은 광부들이 목숨을
구할 수 있었고 그 이후로 카나리아는
위험을 경고하는 상징처럼 되어 버렸다는데…….
어떻게 된 일인지 알아볼까?

사람들에 의해 길러진 지 400년이 넘는 카나리아는 샛노란 색 깃털의 귀여운 모습과 아름다운 노랫소리로 큰 사랑을 받고 있어. 하지만 애완용 새로 잘 알려진 카나리아가 옛날에는 위험을 경고하는 새로 더 유명했대. 10cm 남짓의 자그마한 카나리아가 어떤 방법으로 사람들을 위험으로부터 보호했는지 궁금하지 않니?

카나리아

"삐롱 삐롱 삐로롱……."

동쪽 하늘이 환하게 밝아 오는 이른 새벽, 카나리아의 노랫소리가 조엘의 잠을 깨웠어. 어제부터 탄광에서 일을 시작한 조엘은 떠지지 않는 눈을 비비며 자리에서 힘겹게 일어났지.

조엘이 살던 당시의 영국은 산업 혁명이 막 일어나서 탄광 산업이 번창하던 때였단다. 석탄은 기차를 달리게 하고 공장의 기계를 돌리는데 꼭 필요한 연료였지. 때문에 가난한 사람들은 일자리를 찾아 너도나도 탄광 지역으로 몰려들었어.

조엘의 아버지도 그중 한 사람이었지만, 사고로 허리를 크게 다친 뒤 조엘네 집안 형편은 말이 아니었어. 어머니가 마을 사람들의 빨래를 대신 해 주는 일만으로는 입에 풀칠하기도 어려웠거든. 일찍감치 철이 든 조엘은 살림에 보탬이 되고자 탄광에서 일하기로 마음먹었지만 그의 말을 들은 어머니와 병석에 누운 아버지의 반대가 심했단다.

"조엘, 넌 탄광 일을 하기엔 아직 너무 어려. 다른 일을 알아봐라."
"네 어머니 말이 맞다. 탄광 일은 힘들고 아주 위험하지. 갱이 무너지는 것도 무섭지만 제대로 된 환기 시설이 없기 때문에 독가스에 중독될 수도 있어."

그래도 조엘은 고집을 부렸어.

"그래서 제가 저 카나리아를 키우는 거예요."
"아무도 카나리아 따위는 믿지 않을 게다. 넌 웃음거리만 될걸?"
"다른 데서는 카나리아를 갱 안으로 데리고 들어간대요. 아버지도 아시잖아요. 카나리아는 아주 민감해서 촛불이 타는 냄새만 맡아도 노래를 멈춘다는걸."

위험을 경고하는 새, 카나리아 99

조엘은 보란듯이 일어나 새장을 열고 물을 새로 갈아 주었어. 예민하고 깨끗한 걸 좋아하는 카나리아가 텀벙, 물통 속에 뛰어들더니 목욕을 마치고 나왔지. 조엘은 이내 카나리아가 사용한 물통을 새장 밖으로 꺼낸 뒤 마른 모래를 깔아 주고는 마지막으로 좁쌀과 배춧잎을 먹이로 주고 침대 곁에 앉아 다시 조르기 시작했지.

"아버지, 허락해 주세요. 갱도로 내려갈 때마다 카나리아를 꼭 데려갈게요. 카나리아가 노래를 그치면 곧바로 빠져나오고요. 항상 조심할게요. 네?"

"조엘, 넌 갱도가 어떤 곳인지 몰라서 그래. 그곳은 언제 무너질지 모르는 곳이야. 사방이 어둡고 비좁아 마치 관 속에 있는 것 같고 온도가 매우 높아 가만히 서 있기만 해도 숨이 탁탁 막힌다고."

하지만 가족을 생각하며 끈질기게 허락을 구하는 조엘의 고집에는 아버지도 어쩔 수가 없었지.

결국 조엘은 탄광에서 일하게 됐어. 물이 필요한 사람에게 물을 갖다주거나 장비 다루는 법을 익히고, 광산 주변의 쓸모없는 돌들을 정리했지. 틈틈이 카나리아를 살피기도 했고 말이야.

사실 조엘이 하는 일은 그리 힘든 일은 아니었단다. 아직 어린 그를 배려해서 쉬운 일만 맡겼거든. 그런데도 하루 종일 무거운 공기에 짓눌리다 집으로 돌아오면 온몸이 쑤시고 두통이 났어. 그의 얼굴과 다리는 퉁퉁 부었고 기침을 하거나 코만 풀면 들이마셨던 새까만 탄가루가 계속 나왔지.

"휴~, 오늘 하루도 무사히 잘 버텼구나……."

몸은 힘들었지만 그래도 작으나마 집안을 도울 수 있다는 사실에 조엘은 뿌듯했어. 마치 어른이라도 된 기분이었지.

"조엘, 별로 차린 것은 없지만 많이 먹고 힘내렴."

"우아! 어머니, 오늘이 제 생일이에요? 버터로 구운 감자에 소시지도 있네요."

그렇게 조엘은 탄광과 집을 오가며 고단한 하루하루를 보냈어. 다시 아침이 오면 작업복을 입은 뒤 목이 긴 장화를 신고 아버지가 사용하셨던 램프와 카나리아를 챙겨 들었지. 곤히 잠든 동생들의 방을 살짝 열어본 후 잡일을 하러 가는 어머니와 나란히 집을 나섰어. 석탄재를 뒤집어 쓴 마을은 집도, 길도, 숲도 온통 까맸단다. 일을 하러 갈 때마다 어머니의 당부는 끊이지 않았어.

"조엘, 조심 또 조심해야 한다! 카나리아한테 무슨 낌새가 보이면 바로 피해야 해. 알았지?"

"네. 걱정 마세요. 어머니도 무리하지 마시고요."

어머니와 헤어진 조엘이 카나리아를 품에 안고 갱도로 가는 인차를 타자 몇몇 광부들이 낄낄대며 이죽거리기 시작했어.

"조엘 왕자님, 오늘도 카나리아 공주님을 모시고 온 게냐?"

"제 카나리아를 무시하지 마세요. 두고 보세요. 이 카나리아가 우릴 지켜 줄테니까……."

"이 작은 새가? 네가 카나리아 공주님과 소풍 나온 건 아니고?"

인차 안이 소란스럽자 뒷자리에 타고 있던 빅터 아저씨가 따끔하게 한마디했지.
　"이제 그만들 하고 모두들 조엘을 본받아 조심하는 게 좋을 거야. 사고는 순식간에 일어나는 법이니까 항상 조심하라고!"
　와자지껄 떠들던 사람들이 순간 싹 조용해졌어. 조엘 아버지의 동료였던 빅터 아저씨는 노련한 광부이자 훌륭한 작업반장이었거든. 광부들은 작업반장을 중심으로 팀을 이루어 움직였는데, 자칫 잘못하면 큰 사고가 날 수 있었기 때문에 탄광 안에서 작업반장의 말은 절대적이었단다.

사실 말은 거칠지만 힘든 일을 함께하는 광부들은 가족처럼 끈끈한 관계였어. 하지만 이제 막 탄광에서 일을 시작한 조엘에게 어른들의 놀림은 속상한 일이었지.

이내 작업 현장에 도착한 조엘은 말없이 주위를 둘러보았어. 낡고 삐걱거리는 나무 받침대들과 삭막한 풍경. 그는 이곳에서 힘들게 일하는 거친 광부 아저씨들을 이해하려고 애썼지.

작업반장 빅터 아저씨가 조엘을 힐끗 보고는 광부들에게 작업 구호를 외치게 했어.

"작업 전 안전 확인! 무재해로 나가자!"

모두들 진지한 얼굴로 채굴 장비들을 꼼꼼히 살폈어. 점검을 끝낸 광부들이 안전모를 깊숙이 눌러 쓰고는 승강기에 오르자 승강기는 땅속 깊은 곳으로 하염없이 내려갔단다.

이내 조엘의 카나리아가 불안한 듯 요란하게 날갯짓을 하며 휙휙 소리를 냈어. 굴 깊은 곳에서 올라오는 매캐한 냄새와 먼지가 입과 코를 마구 습격하는 것 같았지. 게다가 질퍽한 땅 때문에 갱도 안은 한걸음 내딛기도 힘들었단다.

잠시 뒤, 빅터 아저씨의 지시가 떨어졌어.

"발파 작업 완료! 채굴팀은 채굴 시작하고, 전원 각자의 위치에서 작업 시작!"

채굴팀이 곡괭이로 석탄을 캐는 동안 나머지 사람들도 모두 맡은 일에 열중했지. 광부라고 해도 모두 석탄만 캐는 건 아니었거든.

석탄 캐는 사람이 절반이면 나머지는 캔 석탄을 운반하거나 새 갱도를 파거나 무너진 곳을 고치고 장비 수리를 했단다. 조엘은 특별히 맡은 일이 아직 정해지지 않았기 때문에 오늘은 운반팀과 함께 석탄을 수레에 실어 담는 일을 해야 했어. 일하는 동안 온 몸은 땀과 먼지로 범벅이 되었고 카나리아의 아름다운 노랫소리만이 조엘에게 위로가 되었단다.

그렇게 고된 하루하루가 지날수록 조엘의 눈에 탄광 일이 어떻게 돌아가는지 보이기 시작했어. 작고 귀여운 카나리아는 곧 광부들의 사랑을 독차지했고, 그들 중 몇몇은 이것저것 카나리아의 먹이를 챙겨 오기도 했지.

"조엘, 카나리아의 노랫소리를 들으니 힘이 생기는구나. 왠지 안심도 되고 말이야."

이제 광부들은 어린 조엘을 더 이상 놀리지 않았어. 오히려 아들이나 동생처럼 아껴 주었지.

그러던 어느 날, 카나리아의 노랫소리가 점점 작아지더니 이내 뚝 끊겨 버렸어.

"저기 좀 봐! 카나리아가 왜 저러지? 비틀거리는 거 아니야? 뭔가 이상해!"

"앗! 카나리아가 횃대에서 떨어졌다!"

소란스러운 외침에 조엘이 달려가 카나리아를 살펴보고는 다급하게 소리쳤어.

"도망치세요! 독가스예요! 독가스가 새고 있어요."

"아, 아무 냄새도 안 나는데?"

"냄새 없는 가스예요. 보세요! 카나리아가 피를 토했다고요. 어서 여기서 나가야 해요"

곧바로 빅터 아저씨가 갱도가 떠나가도록 큰 소리로 외쳤어.

"유독 가스 유출! 전원 탈출!"

그러자 모두 하던 일을 멈추고 밖으로 내달리기 시작했지. 작은 카나리아를 손에 꼭 쥔 조엘도 희미한 빛이 비치는 갱도 입구를 향해 정신없이 뛰어 갔단다.

간신히 갱도를 빠져 나온 조엘이 헉헉거리면서 뒤를 돌아보았을 때였어.

"으윽!"

뒤따라오던 두 명의 광부가 갱도 입구 쪽에서 힘없이 푹 고꾸라지는 게 아니겠어? 주위의 광부들이 다급히 달려가 두 사람을 들것으로 날랐지.

"바람 부는 곳으로 빨리 옮겨. 신선한 공기를 마시게 해야 돼!"

"머리를 뒤로 젖히고 턱을 앞으로! 기도를 열어야 한다고!"

빅터 아저씨의 지시에 따라 모두들 재빠르게 움직였어. 수건에 물을 적셔 쓰러진 광부들의 얼굴을 닦아 주고 온몸을 주물렀지.

"아저씨, 제 목소리 들리세요? 정신 좀 차려 보세요."

그동안 앞장서서 저를 놀리던 아저씨가 사경을 헤매는 모습에 놀란 조엘은 큰 소리로 울부짖었어.

"그만 좀 울어라. 아주 시끄러워서 쉴 수가 없구나. 조엘, 넌 카나리아에게 아름답게 소리 내는 법 좀 배워야겠어."

잠시 후 쓰러졌던 아저씨가 농담을 내뱉으며 스르르 눈을 떴지.

"아저씨! 괜찮으세요?"

"그래. 너와 네 카나리아 공주님 덕분에 목숨을 구했구나."

그제야 긴장이 풀린 조엘이 꽉 쥐고 있던 손을 스르르 펴자 이미 숨이 꺼진 카나리아가 보였지.

"으아악! 카나리아야!"

빅터 아저씨가 곁에서 오열하는 조엘을 위로했어.

"오, 조엘! 카나리아의 일은 정말 안타깝게 됐구나. 하지만 덕분에 이 많은 사람들이 목숨을 구했으니 아마 저 하늘에서 더 자유롭게 훨훨 날아다니며 행복하게 살 거야."

땡그랑땡그랑 종이 울리며 석탄을 나르는 차가 오가는 광산 한편에 카나리아를 묻은 광부들은 꽃을 꺾어 무덤 위에 올려주었어. 꽃잎이 바람에 흩날려 떨어지는 것이 마치 하늘에서 향기를 맡고 온 카나리아가 조엘의 주변을 맴도는 것만 같았지.

"친구야, 잘 가렴. 정말 고마웠어. 죽어도 너를 잊지 못할 거야."

카나리아 새와 카나리아 제도

1. 카나리아 새의 원산지

카나리아 새의 원산지는 카나리아 제도야. 많은 사람들이 카나리아 새가 많이 사는 곳이라서 카나리아 제도라고 생각하는데, 아쉽게도 그것은 아니야.

카나리아 제도의 이름은 개들의 섬을 뜻하는 라틴어 단어인, Insula Canaria(인술라 카나리아)에서 유래된 것이래. 에스파냐가 원산지인 개 중에 프레사 카나리오라는 큰 사냥개가 있는데 옛날 이 섬에 프레사 카나리오가 많이 살았기 때문에 이런 이름이 붙은 것이지. 카나리아 제도의 국기에서 이 개들을 볼 수 있단다.

카나리아 제도의 국기

2. 아름다운 섬들로 이루어진 카나리아 제도

카나리아 제도는 북아프리카의 서쪽 대서양에 위치한 에스파냐령 화산 제도로, 7개의 주요 섬으로 이루어져 있어. 부산광역시의 10배 정도 되는 크기의 카나리아 제도는 라스팔마스 주와 산타크루스데테네리페 주로 크게 나

뉘며 테이데 산을 비롯하여 많은 화산이 있지. 제도 전체에서 대륙과 가장 가까운 섬이 아프리카 대륙의 해안에서 108km 정도 떨어져 있다고 해.

카나리아 사람 대다수는 북아프리카에서 이주해 온 원주민과 에스파냐 인의 혼혈로 피부색이 약간 검은 편이며, 로마 가톨릭교를 믿어. 언어나 생활 양식은 에스파냐와 거의 같다고 해.

카나리아 제도는 기원전 40년경부터 로마 사람들에게 알려져 있었어. 13~14세기에는 유럽의 항해자들이 서로 차지하기 위해 다투던 곳이었고 1479년, 에스파냐와 포르투갈 간의 왕위 계승 전쟁 후 맺어진 알카소바스 협정에 따라 에스파냐 인들의 지배를 받았지.

카나리아 제도 최대의 상업 도시 라스팔마스

1492년, 콜럼버스가 최초로 아메리카 신대륙으로 항해할 때 기지로 사용하며 머물던 곳도 라스팔마스 시내에 잘 보존되어 있으며, 최근에는 한국 원양 어업의 기지 역할을 하고 있어.

연평균 기온이 20℃ 정도인 카나리아 제도는 따뜻하고 건조한 편으로, 이곳에서만 볼 수 있는 동식물도 꽤 많아. 에스파냐 전체에 있는 13개 국립 공원 중에 4곳이 카나리아 제도에 있을 정도로 많은 자연적 유산이 있으며 이를 바탕으로 한 관광업이 발달한 곳이지.

대서양에서 가장 높은 테이데 산봉우리

란사로테 파파가요 해변

🌸 카나리아는 언제부터 위험의 징조로 알려졌을까?

카나리아는 문학 작품 속에서 위험한 일이 생길 기미를 비유하는 것으로 자주 쓰여. 이는 카나리아를 광산의 갱 안에서 키우면서 공기 오염 정도를 파악한 데에서 유래했다고 해. 산소 포화도에 민감한 카나리아가 죽으면 위험하다는 경고였던 셈이지. 그래서 옛날에 군대에서 패치카(일종의 벽난로)로 난방할 때 일산화탄소 측정기 대신 카나리아를 길렀던 거야. 이런 의미가 내포되어 있어서 위험 경고, 예방 장치나 테스트 버전을 카나리아의 영어명인 Canary라고 부르기도 한대.

🌸 축구장에서 카나리아 군단을 볼 수 있다고?

카나리아는 대표적인 애완용 새로 오랜 세월 동안 개량되어 흰색, 노란색, 붉은색 등 다양한 몸의 빛깔을 자랑하지. 하지만 대부분의 대중 매체에서 카나리아는 순수한 노란색 털로 묘사되는데, 이 눈에 띄는 노란색 때문에 세계 여러 나라의 축구장에서 카나리아 군단을 볼 수 있단다.

브라질 축구 국가 대표팀은 유니폼 색깔로 카나리아 옐로를 쓰고 있어서 브라질 대표를 '카나리아 군단'이라고 불러. 또한 터키의 프로 축구단인 페네르바체 SK도 노란색이 들어가는 유니폼을 입는데, 팀의 마스코트가 카나리아래.

브라질 축구 국가 대표 선수들

세상에서 가장 특별한 새 이야기

8

모바일 게임의 교과서, 앵그리 버드

모바일 게임은 컴퓨터 게임이나 비디오 게임에 비해 완성도가 떨어지고 재미가 없다는 생각이 지배적이었어. 하지만 이런 생각은 앵그리 버드가 나오면서 바뀌기 시작했지. 화가 난 새들이 어떻게 돼지들로부터 자신들의 알을 지켜 내고 전 세계 사람들의 사랑을 받게 되었는지 궁금하지 않니? 앵그리 버드의 게임 속에서 하나씩 살펴보도록 하자.

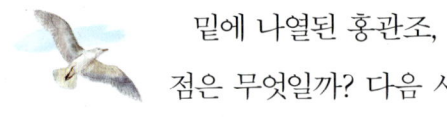밑에 나열된 홍관조, 바다직박구리, 큰부리새의 공통점은 무엇일까? 다음 사진을 잘 봐 봐. 뭔가 떠오르지 않니? 잘 모르겠다면 힌트를 하나 줄게.

　　　홍관조　　　　　　　바다직박구리　　　　　　　큰부리새

　스마트폰만 있으면 누구나 쉽게 키울 수 있는 새란다. 정답은 바로 '앵그리 버드(Angry Birds)'에 나오는 다양한 캐릭터들의 모태가 된 새들이야. 갖가지 색과 모습의 새들은 왜 화가 났으며, 어떤 매력으로 전 세계 사람들의 사랑을 받게 되었을까?

　앵그리 버드는 특별한 능력을 가진 다양한 종류의 새들이 돼지에게 도둑맞은 알을 되찾기 위해 장애물을 격파하는 내용의 모바일 게임이야. 자기 몸을 새총으로 날리는 귀여운 캐릭터들, 이해하기 쉽게 그림으로만 설명된 규칙, 캐릭터를 손으로 당겨 날리기만 하면 되는 간단한 조작법, 언제든지 간편하게 할 수 있는 짧은 플레이 타임과 절묘하게 구성된 게임 레벨, 꾸준한 업데이트 덕분에 스마트폰만 있으면 나이, 국적에 관계없이 쉽게 즐길 수 있어.

　하지만 그동안 가장 많은 사람들이 이용한 모바일 게임이라고 하는 앵그리 버드의 시작은 아주 미미했단다.

사촌 형제인 미카엘 헤드와 니클라스 헤드는 노키아와 휴렛 패커드가 주최한 모바일 게임 대회에서 우승하면서 핀란드어로 모닥불이라는 뜻의 로비오 엔터테인먼트라는 회사를 세웠어. 초창기에는 게임을 직접 개발하기 보다는 대형 게임 개발사들이 의뢰하는 게임을 만드는 데 주력했지.

2007년, 애플사에서 아이폰을 내놓았다는 소식을 들은 미카엘이 흥분해서 말했어.

"스마트폰을 이용해서 할 수 있는 게임을 만들어야 해. 대형 개발사들이 맡긴 일만 해서는 발전이 없어. 아이폰을 이용하는 사람들이 쉽게 할 수 있는, 오래 살아남을 만한 게임을 개발해야 된다고!"

회사의 앞날이 걱정스러웠던 미카엘이 열변을 토하자, 사촌동생인 니클라스 헤드가 맞장구를 쳤어.

"맞아. 곧 전 세계 사람들은 스마트폰을 이용하게 될 거야."

"아이폰은 소형 컴퓨터라고 할 수 있어. 인터넷 검색을 할 수 있고 음악을 들으며 동영상도 볼 수 있거든. 카메라 기능도 있고 영상 통화도 가능하지. 새로운 기기에 알맞은 게임을 개발해 시장을 선점해야 하는데……."

"아이폰 말고도 하루가 다르게 새로운 스마트폰이 나오겠지. 어쨌든 또 새로운 전쟁이 시작되었군."

"어쨌든 서둘러야 해. 온라인 게임을 만드는 회사들이 벌써 움직이고 있다니까."

"그동안 우리가 쉬고 있었던 것은 아니잖아? 우리도 꾸준히 게임을 내놓았다고."

"그래. 하지만 그리 좋은 평을 받지 못했던 게 문제였지. 사람들은 재미없는 게임을 하고 싶어 하지 않거든······."

그런데 개발비로 지출이 많아지면서 이익을 남기지 못하자 미카엘의 아버지는 회사 경영에 이런저런 불만을 터뜨렸어.

"회사를 세울 때 자본을 투자한 사람은 나다. 대형 개발사가 맡긴 일이나 잘할 것이지 돈도 안 되는 게임은 왜 개발하겠다고 고집을 부리니? 이제 그만둬!"

미카엘은 당장의 이익만을 쫓는 아버지를 설득하지 못하고 회사를 떠났어. 뒤를 이어 회사를 맡은 니클라스 역시 로비오를 살릴 만한 뾰족한 방법이 없었단다.

'재정 상태가 전보다 더 나빠졌군. 이러다간 망하고 말 거야!'

니클라스는 출판사에서 일하고 있던 미카엘을 찾아갔어.

"형, 부탁이야. 우리 마지막으로 한 번만 더 도전해 보자. 응? 힘들게 피우기 시작한 모닥불을 이렇게 꺼뜨릴 거야? 처음이라 힘들지 곧 활활 불타오를 거라고."

결국 미카엘은 니클라스의 간곡한 부탁에 다시 로비오로 돌아와 회사를 일으켜 세우기 위해 갖은 애를 썼어.

"지금까지 게임을 51개나 시장에 내놓았지만 성공한 것은 하나도 없네. 이래서는 안 돼! 먼저 아이폰을 사용하는 사람들의 특징부터 조사해 봐야겠어."

미카엘은 스마트폰 이용자가 핀란드에는 아주 적다는 것을 알게 되었어. 그 말은 곧 국내 시장만으로는 이익을 내기 어렵다는 뜻이었지.

"우린 핀란드뿐만 아니라 전 세계 사람들을 대상으로 한 게임을 만들어야 해."

"그렇다면 간단하게 터치만으로 할 수 있는 모바일 게임으로 만들어야겠네."

"바로 그거야! 별다른 설명 없이도 조작법을 알 수 있고, 잠깐 하더라도 재밌게 즐길 수 있도록 만들어야 해."

"한눈에 탁 눈길을 끄는 캐릭터가 있으면 게임을 알리기가 더 쉬울 텐데. 우선 게임말고도 여러 분야에 진출할 수 있는 매력적인 캐릭터부터 찾아야 해!"

미카엘은 무엇보다 캐릭터의 중요성을 잘 알고 있었던 거야.

그러던 어느 날, 미카엘은 디자이너의 책상 위에서 우연히 날개 없는 새의 그림을 발견했어. 아주 독특하고 매력적인 새였단다. 그렇게 새를 한참 동안 들여다보던 그는 직원들을 불러 모았어.

"다들 이리 와서 이 새 그림 좀 봐 봐!"

"강렬한 빨간색에 매우 화가 난 새네. 날개도 없잖아?"

"매력적이지 않아? 이 새를 처음 본 순간 나는 홀딱 반해버렸어."

"하하, 나도 그래. 뭔가 재밌는 이야깃거리가 쏟아져 나올 것 같은데."

모두들 이 화가 난 새를 게임의 주요 캐릭터로 하는 것에 찬성했어. 개발팀은 탁자에 빙 둘러앉아 바로 회의에 들어갔지.

"새들이 화난 이유가 뭘까? 그것부터 찾아야 해. 그래야 이야기가 술술 풀리거든."

"배가 고파서? 아님 새집이 날아가서?"

여기저기서 거침없는 의견들이 쏟아졌어.

"누가 자꾸 새알을 훔쳐 가는 것 때문에 화가 났다면 어떨까?"

"오~, 좋아! 알을 뺏긴 새들의 표정이나 움직임을 최대한 생동감 넘치게 만들자고."

모두 머리를 맞대고 의견을 낸 덕에 조금씩 게임의 틀이 잡혀 갔어. 게임의 줄거리는 새총으로 몸을 날려 알을 훔쳐간 돼지들이 만들어 놓은 각종 장애물을 깨뜨려 점수를 얻는 것으로 했지.

"새들을 모두 쏘았는데도 돼지가 남아 있으면 실패하는 것으로 하고, 돼지를 모두 잡았을 땐 장애물의 파손 정도와 남은 새들의 수에 따라 점수를 매기자고."

"점수에 따라 별을 획득하게 만드는 것도 좋을 것 같아요. 그리고 각 새들의 특징을 살려 다양한 능력을 주는 건 어때요?"

"괜찮은 생각인데! 나는 각 단계를 깨는 것은 쉽지만 어려운 과제를 주어서 더 도전해 보고 싶게 만들었으면 좋겠어."

꼬박 밤을 새우는 날들도 있었지만, 그만큼 좋은 아이디어도 넘쳐나 힘든 줄 몰랐지.

"처음에 우리의 마음을 빼앗은 빨간 새를 새들의 리더로 하자. 거대한 깃털을 누르면 깃털이 총알처럼 날아가서 나무 장애물을 막 부수는 거지."

"아주 좋아! 그럼 한 가지씩 새들의 특징을 정하고 특별한 능력을 주도록 할까?"

그렇게 여러 의견을 모아서 빨간 새, 노란 새, 파란 새, 검은 폭탄 모양의 새, 뚱뚱한 흰 새, 녹색 부메랑 새, 덩치 큰 빨간 새가 주요 캐릭터로 결정되었어. 이 새들에게는 각각의 모습에 어울리는 특별한 능력을 설정해 주었지.

빨간 새에게는 얼음이나 얇은 나무를 무너뜨리는 능력을 주었어. 장난기가 넘치는 파란 새에게는 셋으로 분열하면서 유리와 얼음을 부수도록 했단다. 노란 새는 날아가다가 화면을 누를수록 점점 더 빨리 달려가면서 강하게 공격하도록 했고, 검은 폭탄 모양의 새는 폭발을 일으키면서 돌을 부수게 만들었어. 또 하얀 새에게는 날아가는 도중에 알을 낳아 폭탄처럼 떨어뜨리는 기능을 넣었지. 그 외에도 엄청난 크기로 부풀어 오르는 주황색 새와 물건을 비눗방울에 가두어 버리는 능력을 가진 분홍색 새도 만들었어.

로비오의 젊은 개발자들은 자신들이 만든 캐릭터에 흠뻑 빠져 낄낄대며 일했단다.

"게임을 만들면서 이렇게 웃어 보긴 처음이야."

"그만 웃고 이제 새알을 훔쳐가는 돼지들을 좀 생각해 봐. 새들만큼 매력적인 캐릭터들이 있어야 할 것 같은데……."

"작은 돼지, 헬멧 쓴 돼지, 콧수염 난 돼지는 어때?"

"난 호박 가면을 쓴 돼지와 왕관을 쓴 돼지도 재미있을 것 같아."

게임에 자신 있었던 미카엘과 경영진들은 특별한 홍보 전략을 쓰기로 결정했어. 아직 완전하지 않은 앵그리 버드 게임을 유투브 광고로 노출시키고 고객들의 아이디어를 활용해 게임을 꾸준히 업데이트 시킨 거야. 실제로 5살짜리 아이가 스케치북에 그린 앵그리 버드의 맵 디자인을 뽑아서 사용하기도 했지.

또한 세계 각지의 사람들이 보내온 할로윈 의상들을 입힌 앵그리 버드 인형을 내놓기도 하고 팬들의 요청에 따라 돼지들을 주인공으로 한 Bad Piggies(배드 피기스)도 만들었어. 앵그리 버드를 바탕으로 쏟아져 나오는 다양한 콘텐츠에 전 세계 사람들은 폭발적인 반응을 보였고 그 인기에 놀란 게임 개발사들은 바짝 긴장했지.

"스마트폰만 있다면 앵그리 버드를 누구나 쉽게 즐길 수 있어. 나이, 국적, 성별도 상관없지. 게다가 모바일 게임 중 가장 싼 편이니 당해낼 재간이 없네."

"겉보기엔 단순히 새를 날려서 돼지를 없애는 간단한 게임 같거든? 그런데 막상 파고들어 가면 어찌나 치밀하게 만들었는지 몰라. 좋은 결과를 얻으려면 머리를 많이 써야 한다고."

"이건 절대 단순한 게임이 아니야. 제대로 된 피해를 주려면 새총으로 날릴 새의 종류, 새의 종류에 따른 발사 각도, 어느 구조물을 먼저 공략해야 할지 빨리 계산해야 되거든. 단계별 난이도도 아주 절묘하게 만들어졌지."

 "그런데 잘만 날리면 또 아무리 견고한 구조물이라도 완전히 무너뜨릴 수 있으니 얼마나 재밌나. 그 쾌감이 이루 말할 수 없이 크니 중독성이 대단한 거야. 잠시도 손에서 놓을 수가 없다니까."

 "어떤 할머니는 생전 처음해 보는 게임에 빠져 밥 먹는 것도 잊었을 정도라고 하니까……."

게임 산업과 큰 관련이 없는 기업들조차 로비오사의 발전에 크게 놀라워했어. 산업 영역을 가리지 않고 앵그리 버드를 주제로 한 상품들이 불티나게 잘 팔렸거든.

　이에 로비오사는 더욱 다양한 도전들을 시도했어. 페이스북과 손잡고 전 세계 사람들과 경쟁할 수 있도록 했으며, 아바타 기능을 지원하는 앵그리 버드 프렌즈, 모바일 보드 게임인 앵그리 버드 다이스도 내놓았단다.

　또한 영화로 제작된 앵그리 버드는 전 세계 텔레비전에 방영되기도 했어. 지금도 앵그리 버드는 책, DVD, 인형, 음료수나 과자로 만들어져 엄청난 사랑을 받고 있지. 그래서 전 세계 게임 회사들은 앵그리 버드 게임을 모바일 게임의 교과서로 여길 정도란다.

빠르게 발전하는 모바일 게임

1. 모바일 게임이란?

모바일 게임(Mobile game)이란 휴대 전화, 피디에이(PDA, 개인용 정보 단말기) 등의 휴대용 기기를 통해 즐길 수 있는 비디오 게임의 일종으로, 휴대 전화로 즐길 수 있는 게임을 두루 이르는 말이야.

세계 최초의 모바일 게임은 '스네이크(Snake)'라고 해. 흑백 화면의 휴대 전화였던 노키아 6110에 내장된 게임으로, 1997년 12월에 탄생했지. 좌우 버튼으로 뱀을 조정하여 먹이를 먹는 간단한 방식의 게임이었어.

초기 모바일 게임

2. 모바일 게임의 발전

초기 모바일 게임은 피처 폰(스마트폰이 아닌 모바일 폰)에 기본으로 깔린 게임들이었어. 판매용 게임들보다 재미와 완성도가 떨어지고 작은 화면과 조작판 때문에 간단한 게임들이 주를 이루었지.

애플사의 아이폰이 등장하고 앱 스토어가 공개된 후부터 모바일 게임에 큰 변화가 일어났어.

첫째, 이동 통신 회사가 아닌 운영 체제 개발사와 게임사가 주체가 되면서 더 다양한 게임을 만들 수 있게 된 거야.

둘째, 기기의 발달로 영상과 음질이 좋은 게임을 즐길 수 있게 되었어.

셋째, 스마트 폰 액정을 터치 조작할 수 있어, 피처 폰에서 게임할 때 나타난 조작의 어려움을 어느 정도 없앨 수 있었어.

3. 한국 모바일 게임의 역사

한국의 모바일 게임은 휴대 전화와 더불어 발전하였어. 휴대 전화 기술이 발전하면서 보급률이 늘었고 관련 산업들이 일어나기 시작했는데, 대표적인 것이 모바일 게임 산업이었지.

1998년 모바일 게임 전문 회사인 컴투스가 생겨났고 이들은 1999년 LG 텔레콤에 '퀴즈 심리 테스트', '다마고치' 등의 게임 5가지를 제공했다고 해. 2000년대 초에는 이동 통신 회사를 중심으로 게임 서비스가 이루어졌어. 모바일 게임을 따로 사서 즐기는 방식이었지.

2012년 카카오 게임이 등장하면서 모바일 게임은 크게 바뀌었어. 카카오는 메신저 이용자와 게임을 이어 줬는데, 이용자가 친구들과 점수 경쟁을 벌이며 아이템을 주고받을 수 있게 해 주면서 아주 큰 인기를 끌 수 있었지. '애니팡', '드래곤 플라이트' 등 국민 게임이라 불리는 게임들이 등장하게 된 것이 이 시기야.

애니팡

4. 모바일 게임 시장의 전망

모바일 게임은 스마트폰 보급률이 늘고 기기의 성능이 향상되면서 단순한 게임 위주였던 것에서 다중 접속 역할 수행 게임(MMORPG)까지 가능하게 발전하였어. PC로 하던 게임을 어디서든 즐길 수 있는 시대로 빠르게 바뀌고 있지. 하지만 표절로 인한 저작권 침해, 아이템의 과도한 소비, 게임 중독 등 문제점도 많아. 우리 모두 현명하게 게임을 즐기는 태도에 대해 생각해 봐야 할 때야.

🌸 스마트폰을 벗어나 활약 중인 앵그리 버드

앵그리 버드의 캐릭터들은 게임 외의 분야로 그 영역을 빠르게 넓혀 가고 있어. 무려 79개국 앱 스토어에서 1위를 기록한 게임이기에 가능한 일이었지.

앵그리 버드의 애니메이션인 앵그리 버드 툰즈는 시즌3을 기준으로 104회까지 제작 및 방영되었어. 대사 없이 진행되는 형식이라 전 세계에서 큰 사랑을 받고 있지. 게다가 앵그리 버드 게임은 스타워즈, 트랜스포머 같은 유명 콘텐츠들과도 콜라보레이션을 진행하고 그 내용이 만화책으로도 출간되었어.

앵그리 버드는 온라인에 전용 상점이 따로 있을 정도로 캐릭터 상품 판매 역시 활발한데 봉제 인형, 피규어, 보드 게임 등 다양하게 상품화되어 있단다. 레고사에서도 영화판 앵그리 버드를 소재로 완구를 발매할 정도였지.

또한 앵그리 버드의 본고장인 핀란드에는 로비오사가 직접 만든 공식 테마 파크가 있어. 이곳에서 어린이는 물론 성인들도 앵그리 버드 놀이기구와 캐릭터 체험 시설까지 즐겁게 즐길 수 있단다.

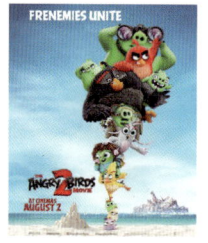
앵그리 버드 영화의 포스터

핀란드에 있는 앵그리 버드 테마 파크

세상에서 가장 특별한 새 이야기

9

세계 초강대국인 미국의 상징,
흰머리 독수리

미국을 상징하는 나라 새로 큰 사랑을 받는 흰머리 독수리.
몸 크기는 80~90cm에 날개를 피면 2.2m에 달하는 대형 새야.
머리 부분의 하얀 깃털과 부리부리한 눈매뿐만 아니라
펄럭이는 성조기를 배경으로 한 흰머리 독수리의 모습은
그 자체만으로 강력한 미국을 상징하는 것 같지.
하지만 미국의 국부 중 한 명인 벤자민 프랭클린은
흰머리 독수리를 국조로 정하는 것을 끝까지 반대했어.
그 이유가 뭘까 궁금하지 않니?

독수리는 용맹스러운 이미지 덕분에 매우 인기 있는 상징물로 여겨지고 있어. 프로 스포츠를 즐기는 대부분의 나라에서 마스코트로 독수리를 사용하는 팀을 흔하게 볼 수 있고 많은 나라들이 자신들의 국기에 독수리를 넣었으며, 국조(나라를 상징하는 새)로 삼고 있지.

오늘날 국제 정치·경제에 큰 영향력을 미치는 미국 역시 흰머리 독수리를 국조로 삼고 있단다. 하지만 의외로 흰머리 독수리가 국조가 되는 과정이 순탄치 않았다고 해. 그 이야기 속으로 한번 들어가 볼까?

미국의 국조인 흰머리 독수리

"앗! 저것 좀 봐! 드디어 새끼 흰머리 독수리가 나왔어!"
"이건 좋은 일이 일어날 징조야. 미국의 영광이 다시 올 거라고!"
2017년 새해 아침, 미국의 국조인 흰머리 독수리 새끼가 탄생하는 장면을 지켜보던 미국인들이 탄성을 질렀어. 새로운 대통령의 취임식을 앞두고 있던 때라 앞날에 대한 기대는 더욱 컸지.

사실 독수리는 옛날부터 하늘의 왕으로 여겨졌어. 사람들은 독수리가 하늘에 존재하는 신과 땅에 사는 인간을 연결해 주는 역할을 한다고 믿었단다. 콜럼버스가 발견한 신대륙 위에 세워진 미국 또한 그랬어. 그래서 흰머리 독수리를 국조로 삼고 독수리처럼 힘차게 날아오르기를 바랐던 거야.

"미국은 우리에게 있어서 기회의 땅입니다."

사람들은 지금도 미국에 대해 이렇게 말하곤 해. 하지만 신대륙으로 알려진 이 땅의 원래 주인은 인디언들이었지. 사실 인디언이란 말은 콜럼버스가 신대륙을 인도로 착각했던 탓에 붙여진 이름이야. 인도에 사는 사람들이니까 인도인이라고 여겼던 거지.

어쨌든 이 새롭게 발견된 드넓은 땅에 대한 소문이 퍼져 나가자 온 유럽이 들썩거렸어.

"영국과 프랑스 등의 강대국들이 전쟁을 벌이기 시작했다네. 틀림없이 강력한 군대를 앞세워 더 많은 땅을 차지하려고 하겠지."

"금은보화를 노리는 투기꾼들과 경찰의 추적을 피해 도망친 범죄자들도 땅을 차지하기 위해 신대륙으로 몰래 들어갔다던데."

"부유한 사람들은 어떻고? 원주민들과 흑인들을 잡아다가 대규모 농장을 일구고 노예로 부리면서 큰돈을 번다는군."

"유럽 여러 나라에서 종교적인 박해를 피해 신대륙에 정착한 청교도들도 꽤 된다지?"

"청교도들은 집보다 교회와 학교를 먼저 짓고 인디언들의 도움을 받아 마을을 이룬다고 하던데. 그들과 우정을 나누며 산다는 거야."

온갖 소문이 꼬리에 꼬리를 물고 퍼지면서 어느새 북아메리카에는 원주민들보다 많은 이주민들로 북적거렸어. 그리고 이 개척자들에 의해 수많은 도시들이 세워졌지. 그즈음 13개의 주가 세워졌는데 대부분 영국과 프랑스가 다스렸단다.

그런데 1754년, 인디언과 힘을 합친 프랑스가 영국을 상대로 싸움을 벌이기 시작했어. '프렌치·인디언 전쟁'이라고 불리는 이 전쟁은 7년이나 이어졌지. 영국이 전쟁에 드는 막대한 비용을 모두 미국인들에게 대게 하자 참다못한 미국인들은 불평을 터뜨렸어.

"전쟁 비용을 대느라 세금이 또 올랐네요. 당장 끼니를 때우기도 급급한데 이제 어떻게 해야 되죠?"

"이건 공공연한 비밀인데요, 영국에서 건너온 부자들은 세금 한 푼 안 낸답니다. 가난한 미국인들만 바보스럽게 세금을 내고 있죠."

"말도 안 돼! 넓은 땅을 차지한 채 노예들을 부려 큰 농장을 운영하는 부자들이 오히려 세금을 더 내야 하는 거 아닌가요?"

"그러니 누군가 나서서 이 일을 해결해야만 해요."

"필라델피아 주 의원인 벤자민 프랭클린을 미국인 대표로 영국에 보내 따지게 합시다. 과학자이자 발명가인 프랭클린은 영국의 왕족과 귀족들도 함부로 대하지 못할 겁니다."

그렇게 미국인의 입장을 전하기 위해 벤자민 프랭클린은 영국으로 건너가 날마다 영국의 관리들과 정치가를 만나 끈기 있게 설득했어. 그리고 결국엔 영국의 부자들도 함께 전쟁 비용을 내게 만들었지.

하지만 영국 정부의 속셈은 따로 있었는데, 슬그머니 또 다른 명목으로 세금을 거둬들이는 속임수를 쓴 거야. 영국을 도와 함께 싸우면서도 막대한 전쟁 비용까지 꼬박꼬박 바쳐야 하는 미국인들은 이 사실을 깨닫고 단단히 화가 났지.

게다가 프렌치·인디언 전쟁 이후 영국이 미국에 대해 각종 세금을 더 부과하면서 압박을 가해 오자 미국 내에 영국을 반대하는 분위기가 조성되었고 그러던 참에 기어이 큰 사건이 터지고 말았단다.

영국의 횡포를 더 이상 참지 못한 보스턴 시민들이 홍차를 싣고 온 영국의 화물선을 점령하고 배 안의 차 상자를 몽땅 바다에 버린 거야. 콧대 높은 세계의 지배자였던 영국인들은 노발대발했고 미국인들 역시 도저히 참을 수 없다며 벼르고 있었지.

"감히 우리를 건드려? 너희들의 버르장머리를 고쳐 놓고야 말겠다!"

"흥! 우리가 언제까지 영국의 식민지로 남을 줄 알았냐? 이제 우리도 자유를 찾아 독립할 것이다!"

결국 1775년 4월, 미국의 독립 전쟁이 시작되었는데 생각지도 못한 큰 문제가 나타났어. 넓은 땅에 뿔뿔이 흩어져 살고 있는 사람들의 힘을 모으는 것이 힘들었던 거야.

"이래서는 아무 일도 안 됩니다. 서로 힘을 합쳐도 모자랄 판에 급한 소식조차 전하기 힘들다니……."

"우선 우편물을 빠르고 정확하게 배달할 수 있는 시스템을 만들도록 합시다. 누가 이 일의 적임자일까요?"

"그 일에는 벤자민 프랭클린이 적격이죠. 그는 이미 필라델피아 주의 우체국을 획기적으로 개선한 경험이 있습니다."

1776년 7월 4일, 영국의 식민지였던 북아메리카 대륙의 13개 주 대표가 모여 미합중국이라는 나라를 세우겠다는 내용의 '독립 선언서'를 발표했어.

북미 13개주 독립 선언 조인식

1784년, 마침내 독립을 쟁취한 미국은 각 주의 대표들이 모여 나라의 기반을 닦는 일에 몰두했어. 그러던 중 미국을 상징하는 새를 선택하기로 했지. 많은 의견들이 오고간 후 신대륙 개척과 인연이 깊은 칠면조와 용맹함의 상징인 독수리를 국조로 삼자는 의견이 팽팽히 맞섰단다.

"칠면조는 우리 미국인과 아주 가까운 새입니다. 종교 박해를 피해 신대륙으로 이주한 청교도들이 어려울 때마다 원주민인 인디언들이 도움을 주면, 청교도들은 감사의 마음으로 칠면조 요리를 대접하며 평화와 우의를 다졌으니까요."

"독수리가 어떨까요? 독수리는 인류 역사가 시작되면서부터 귀한 상징으로 사용되었습니다. 기원전 3000년경 메소포타미아의 많은 유적과 유물들 속에도 독수리가 나타나거든요."

"맞습니다. 로마 건국 신화에도 독수리가 등장합니다. 로마 제국에서 독수리는 유일무이한 상징으로 여겨졌지요."

어떤 주의 대표는 세계 최강의 로마 군단들이 독수리로 장식된 장대 아래 군단의 깃발을 내걸고 가장 앞서 걸었으며, 이 깃발을 목숨보다 귀하게 여겼다는 사실도 자세히 들려주었단다.

대표들의 의견을 잠자코 듣고 있던 벤자민 프랭클린이 나섰어.

"정말로 독수리가 미국의 국조로 적합하다고 생각하시나요? 독수리는 까마귀처럼 시체나 뜯어 먹으며 약한 새를 공격하지요."

"그건 자연 생태계에서는 당연한 일입니다."

"물론 생태계의 보편적인 원리를 부정하는 것은 아닙니다. 다만 독수리가 가진 이미지가 마음에 걸립니다. 설마 우리 미국이 그런 불량스러운 이미지를 가진 나라가 되기를 원하는 건 아니겠죠?"

"물론이시오. 사실 칠면조가 인디언들과 우리 미국인 사이의 화합을 상징하기에는 그만이지만 칠면조에는 강렬한 인상이 좀 부족한 것 같지 않나요?"

"저는 흰머리 독수리가 더 좋을 듯합니다. 흰머리 독수리는 생김새도 멋지지만 주로 우리 대륙에 서식하는 새니까요. 그런 면에서 미국을 대표할 수 있지 않을까요?"

"괜찮은 생각이네요. 인디언들이 흰머리 독수리를 매우 신성시한다는 말을 들었습니다. 그래서 그들은 흰머리 독수리의 깃털을 머리와 옷 등에 장식하고 다니기도 하고 머리에 꽂혀 있는 깃털의 숫자로 용기 있는 자를 가려낸다고 하더라고요."

"맞습니다. 저도 인디언 청년들은 흰머리 독수리 둥지에서 깃털을 가져오는 시합을 벌여 용기와 담력을 시험한다고 들었습니다."

"만약 우리가 흰머리 독수리를 미국의 새로 정하면 인디언들도 좋아하겠군요. 자신들의 문화도 존중한다는 뜻으로 받아들이지 않을까요?"

의견이 좁혀지지 않자 결국 각 주의 대표자는 새를 연구하는 전문가들의 의견을 듣기로 했어. 그들은 두 새를 꼼꼼하게 비교한 뒤 그 특징에 대해 이렇게 조언해 주었지.

"칠면조는 수컷 한 마리가 여러 마리의 암컷을 거느리지만, 흰머리 독수리는 특별한 일이 없는 한 암수가 한 쌍으로 평생을 삽니다. 또 어른 키 정도 되는 큰 날개를 가지고 있는데다 엄청 두꺼운 깃털들로 무장되어 있죠. 시력이 매우 좋아 1~2km 밖에 있는 먹잇감도 찾아내고 기류를 타고 유유히 떠다니다가 날카롭고 힘센 발톱으로 먹이를 잡아채는데 한 번 잡은 먹이를 놓치는 법이 없을 만큼 사냥 솜씨가 뛰어나답니다."

"흰머리 독수리의 생활 방식은 참으로 놀랍군요! 암수가 한 쌍으로 평생을 산다니, 그거야말로 우리 청교도 윤리에 적합하지 않나요?"

그 말을 듣고 사람들의 마음이 흰머리 독수리 쪽으로 쏠리기 시작하자 누군가가 성경에서 독수리에 관해 적힌 구절을 낭독했어.

「오직 여호와를 앙망하는 자는 새 힘을 얻으리니 독수리의 날개치며 올라감 같을 것이요, 달음박질하여도 고단하지 아니하겠고 걸어가도 피곤치 아니 하리로다!」

"여러 의견을 들으면 들을수록 독수리는 젊은 미국을 상징하는 새로 정말 잘 어울리는 것 같습니다. 용맹스러움과 지혜로움을 갖추고 미래를 향해 힘차게 날아오르는 새니까요. 이제 미국은 하나님이 주시는 새 힘으로 끊임없이 발전하는 나라가 될 것입니다."

그렇게 미국의 국조로 흰머리 독수리를 선택하자는 쪽으로 의견이 모였어. 곧바로 미국의 공식적인 인장을 정하기 위한 설명회가 열렸지.

"자, 이 그림을 한번 보십시오. 흰머리 독수리는 양발에 각각 13개의 화살과 올리브 가지를 움켜쥐고, 부리에는 라틴어로 쓰인 문장을 물고 있습니다. 이것은 '여럿이 모인 하나' 라는 뜻으로, 바로 이주민이 모여 구성된 미국은 서로 다른 여럿이 모여 하나로 만들어진 나라이며 다양한 문화가 공존하고 있다는 의미랍니다."

미국의 국장(앞면)

결국 흰머리 독수리는 미국을 상징하는 새가 되었고 대통령을 상징하는 문장, 미군의 휘장, 1달러 지폐, 국민이 직접 뽑은 하원의 장식용 지팡이 등 다양한 곳에서 찾아볼 수 있단다.

생각해 보면 미국만큼 전 세계에 큰 영향력을 끼치는 나라는 없을 거야. 마치 흰머리 독수리가 하늘 위를 유유히 날아다니며 땅 위의 모든 것을 정찰하는 것처럼 세계 곳곳을 살피고 자신의 강한 힘을 펼치는 게 오늘날 미국의 모습과 꼭 닮은 것 같지 않니?

아메리카의 독립과 미국의 탄생

1. 영국과 프랑스의 식민지 갈등

신대륙 개척 초기에는 영국과 프랑스가 뉴잉글랜드를 기점으로 사이좋게 진출했어. 하지만 양국이 본격적으로 식민지를 확장하면서 경쟁은 피할 수 없었고 결국 프렌치·인디언 전쟁(1754~1763)으로 충돌하게 되었지. 프랑스가 좋은 관계를 유지하던 원주민들을 싸움에 끌어들이자 영국은 대규모 원정대를 보내어 맞섰어. 이 전쟁이 영국의 승리로 끝나자 신대륙에 대한 영국의 간섭이 본격화되었고 식민지 대표들은 상호 연맹의 필요성을 절실히 느끼게 된 거야.

2. 보스턴 차 사건은 무엇일까?

미국 식민지들이 경제 성장을 이루며 자치를 확대하려하자 영국 정부에서는 이를 억압하려 하였어. 특히 영국이 전 세계에서 대영 제국을 건설하기 위해 잦은 전쟁을 치르며 경제적인 어려움을 겪게 되자, 미국 식민지에서 각종 세금을 거둬들이게 된 거야.

영국에서 수입되는 설탕, 종이에 관세를 부과하고 각종 증서와 신문 등의 인쇄물에 높은 인지세를 매기자 식민지 의회는 "대표 없는 곳에 과세도 없다!" "식민지의 자유에 대한 위협"이라며 강하게 반발하였지.

그러던 중 1773년, 영국이 미국 식민지 상인에 의한 차 무역을 금지시키고 동인도 회사에 독점권을 주는 일이 일어났어.

보스턴 차 사건을 기념하는 우표

그러자 식민지 자치에 대한 지나친 간섭에 격분한 보스턴 시민들이 항구 안에 정박 중인 동인도 회사의 배를 습격하여 342개의 차 상자를 깨뜨리고 그 안의 차를 모조리 바다에 던져버린 거야.

영국 정부가 보스턴 항을 봉쇄하고 군대를 주둔시켜 손해 배상을 요구하자 보스턴 시민들은 더욱 단결하여 대항하였어. 그리고 다른 식민지들도 이에 뜻을 같이하여 영국 정부와 미국 식민지 간의 무력 충돌이 잦아졌고 결국 미국 독립 전쟁이 일어나게 된 거야.

3. 독립 전쟁

1775년 5월, 식민지 대륙 회의는 조지 워싱턴을 총사령관으로 임명하고 영국을 상대로 독립을 선포했어. 과거 영국과의 식민지 쟁탈전에서 패한 프랑스, 스페인, 네덜란드, 덴마크, 스웨덴 등이 미국 식민지군을 후원하면서 전쟁은 식민지군에게 유리하게 전개되었지.

1776년 3월, 13개 주의 대표들이 모여 '독립 선언문'을 채택하고 공포하였어. 독립 선언문은 모든 사람이 평등하게 태어났으며 양도할 수 없는 행복 추구권, 자유권, 생명을 가지고 있기 때문에 정부가 이러한 목적에 부합하지 못할 때는 국민에 의해 교체되거나 폐지될 수 있음을 분명하게 드러내 보였지.

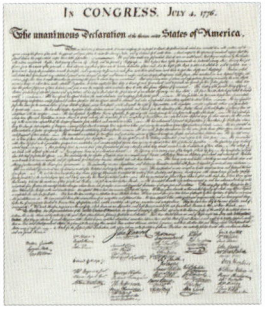

미국 독립 선언문

결국 1783년 9월, 파리 조약으로 독립 전쟁은 끝이 났고 미국은 완전한 독립을 인정받았단다.

🌸 한국의 국조는 무엇일까?

나라 새를 정하는 기준에는 국민에게 가장 친숙한 새, 그 나라의 특산종 등 여러 가지가 있어. 국조를 지정하는 과정에서 새들을 보호해야 한다는 생각을 고취시킬 수 있기 때문에 국제 조류 보호 회의는 여러 나라에 국조를 정할 것을 권장하고 있지.

우리나라의 경우, 1964년에 한국일보사 과학부에서 국제 조류 보호 회의 한국 본부와 함께 '나라 새 뽑기' 운동을 벌였는데 그 결과 전국적인 공개 응모에서 가장 많은 표를 얻은 까치가 뽑혔어.

한국의 국조인 까치

🌸 독수리는 역사 속에서 어떤 상징성을 가질까?

고대 메소포타미아와 그리스 문명 때부터 인간은 독수리를 매우 귀하게 여기고 상징성을 부여했어.

특히 로마를 상징하는 독수리가 유명하지. 로마 군대에는 각각의 군단을 상징하는 깃발이 있었는데 이 깃발은 독수리로 장식된 장대(아퀼라) 아래 걸렸다고 해. 독수리는 로마의 영향력이 미치는 모든 나라에서 로마의 강력한 군사력과 통치력으로 인식되었어. 훗날, 로마 제국의 영광을 이어받고 싶었던 나라들의 바람을 담아 독수리는 지속적으로 역사 속에 등장했던 거야.

로마의 아퀼라

세상에서 가장 특별한 새 이야기

10

거위들의 아버지,
콘라드 로렌츠

각인은 동물이 태어난 직후 본능적으로 가지는 학습 양식을 말해.
알에서 깬 병아리가 어미 닭만을 따라다니는 것처럼 말이야.
그런데 이런 모습이 어미 닭뿐만 아니라
종류가 다른 새나 어미 닭의 모형에 대해서도 나타난다고 해.
신기하지 않니?
이러한 사실은 비교 행동학자인 콘라드 로렌츠에 의해 밝혀졌어.
그와 그의 자식 같은 거위들이 노벨상을 탄 이론을 세운 거야.
콘라드 로렌츠와 그를 따르는 거위들에 대해 더 알아볼까?

 발명왕 에디슨은 병아리를 부화시키기 위해 달걀을 품은 적이 있었어. 물론 뜻대로 되지는 않았지만, 어렸을 때 알을 품어 새들의 엄마가 되어 보고 싶다는 생각을 해 본 사람은 꽤 있을 거야. 여기 실제로 알을 품지는 않았지만, 새들의 부모가 된 사람이 있어. 바로 오스트리아의 동물학자 콘라드 로렌츠란다. 그는 '털북숭이 거위 엄마'라는 별명으로 불렸지.

오스트리아의 동물학자, 콘라드 로렌츠

야생 기러기와 거위들의 행동 양식을 연구하여 갓 태어난 오리와 거위의 '각인(동물이 본능적으로 가지는 학습 양식의 하나로 태어난 지 얼마 안 되는 한정된 시기에 습득하여 영속성을 가지게 되는 행동)' 현상을 발견한 그는 노벨 생리 의학상까지 받게 되었어. 그 이야기가 궁금하지 않니?

로렌츠는 오스트리아에서 이름난 의사의 아들로 태어나 부유하게 자랐어. 로렌츠가 태어난 지 얼마 지나지 않아 그의 아버지가 도나우 강가에 큰 집을 짓고 파티를 열 정도였지. 집을 돌아 본 사람들은 모두 감탄해 마지않았단다.

"우아! 하늘로 우뚝 솟은 굴뚝과 끝없이 이어진 웅장한 계단 좀 봐."
"꼬불꼬불한 복도와 수많은 방들, 숲처럼 넓은 정원은 또 어떻고. 마치 동화책에 나오는 성 같군."

"집 앞 풍향계에는 콘라드가 태어난 해에 이 집을 지은 것을 기념하기 위해 1903년이란 숫자까지 새겼다던데."

부모님들이 워낙 동물을 좋아했던 덕에 콘라드는 어려서부터 동물과 함께 자랐어. 게다가 아주 솜씨 좋은 정원사 덕분에 로렌츠네 집에는 사시사철 온갖 꽃이 피고 졌지.

정원사에게는 그레틀이라는 딸이 있었는데 서로 마음이 잘 통했던 둘은 늘 붙어서 강과 숲을 탐험하며 지냈단다. 그런 생활은 콘라드가 청소년이 될 때까지 이어졌고 자연스레 두 사람은 연인이 되었지.

하지만 로렌츠의 아버지는 아들이 정원사의 딸과 잘 지내는 게 영 못마땅했어. 그래서 로렌츠가 김나지움(독일의 전통적인 중등 교육 기관)을 졸업하자 유학을 보냈단다.

"굶어 죽고 싶지 않으면 의사가 되리라!"

'외국에서 공부하다 보면 더 좋은 여자를 만나겠지…….'

할 수 없이 로렌츠는 뉴욕 컬럼비아 대학의 의학부에 입학했지만, 영어 실력이 그다지 좋지 않아 학업을 따라가는 게 버거웠어. 그는 오스트리아의 집과 그레틀만을 그리워했지.

"오~ 사랑하는 그레틀! 집으로 돌아가서 예전처럼 당신이랑 동물 친구들과 함께 지내고 싶을 뿐이야."

결국 오스트리아로 돌아온 로렌츠는 빈 대학의 의학부에 다시 입학했어. 사실 의학 공부를 하면서도 동물을 관찰하는 것에 더 몰두했지만, 아버지의 뜻대로 의학 박사 학위를 받은 후에야 그레틀과 결혼하고 동물학 공부를 시작할 수 있었단다.

"두 사람은 정말 잘 어울리는 것 같아. 어쩜 동물을 좋아하는 것까지 꼭 닮았다니까!"

두 사람이 산책을 나서면 마을 사람들이 소곤소곤했어.

로렌츠네 집에는 동물이 엄청 많았는데 개, 고양이 같은 애완동물뿐만 아니라 원숭이, 악어 같이 동물원에서나 볼 수 있는 동물도 있었단다. 또한 온갖 종류의 새들이 날아다니고 곳곳에 놓인 커다란 수족관에는 다양한 물고기들이 헤엄을 치는 모습이 일상이었지.

로렌츠네 집에 온 사람들은 누구나 깜짝 놀라곤 했어.

"로렌츠, 당신네 집에 있는 동물들은 참 이상해요. 사람을 보고도 도망가지 않더라고요."

"그거야 당연하죠. 우린 가족이거든요. 모두 다 새끼 때부터 키워서 정이 많이 들었죠."

허구한 날 동물들만 들여다보는 로렌츠를 보고 있노라면 어렸을 때부터 함께한 그레틀조차 한숨이 절로 나올 정도였지.

"로렌츠, 당신은 너무 게으름뱅이 같아요. 내가 볼 때 이 정도인데 다른 사람들 눈에는 어떻겠어요?"

"그레틀, 나는 동물들을 길들여서 인간의 장난감으로 만드는 일은 하고 싶지 않아. 그들을 자연 상태로 가만히 놔두고 어린 왕자와 여우처럼 서로 정을 나누며 친구처럼 지낼 거야. 물론 엄청난 인내가 필요한 일이겠지만……."

"물론 당신을 이해하지만, 이렇게 동물들이 온 집 안을 활개치며 돌아다니는데 우리 아이들을 어떻게 키워요! 가구는 모조리 부수고 카펫에 똥을 싸질 않나, 화단은 죄다 망가뜨리고, 커튼도 찢어 놓고요. 심지어 침실에 들어와 버젓이 잠까지 자니 어떻게 하라고요?"

"하하. 좋은 방법이 떠올랐어. 우리 아이를 우리에 넣어 기르자고."

로렌츠를 잘 알고 있던 그레틀이 포기한 듯이 대답했지.

"좋아요. 그러지요. 당신이 원한다면 그렇게 해요."

"고마워. 동물을 알수록 인간의 본성도 더 잘 알 수 있을 거야."

당시 학자들은 동물에게는 타고난 행동과 주관적 체험이 없으며, 모든 것은 학습된 것이라고 주장했어. 파블로프의 개처럼 말이야. 이러한 학문적인 대세 속에서 자연 상태에서 동물을 관찰하고 행동 방식을 연구하는 로렌츠의 방법은 쓸모없는 것으로 여겨졌지.

1937년, 로렌츠는 날마다 동물들을 관찰한 내용을 빠짐없이 기록하는 것에서 나아가 새로운 연구를 시작하기로 마음먹었어.

"야생 거위 알을 부화시켜서 키워 볼 거야. 완벽하게!"

로렌츠는 노란 전등불 밑에 상자를 놓고 덤불로 가득 채워 둥지처럼 만들고 야생 거위의 알을 넣어 두었어. 그리고는 정해진 시간마다 알을 굴려 주었지.

"좋아. 이렇게 하면 따뜻한 기운이 골고루 전달되겠지?"

28일째가 되자 알 속에서 엄마를 찾는 소리가 들려왔어. 야생의 거위는 알 속에서도 어미와 대화를 나누거든.

"삐! 삐! 삐!"

로렌츠도 휘파람을 불어 대답해 주었지. 그렇게 몇 번의 대화를 나눈 뒤 마침내 새끼 거위가 알을 깨고 나왔단다.

로렌츠는 털이 송송 난 커다란 손으로 조심스럽게 새끼 거위를 쓰다듬었어. 작은 솜뭉치로 살랑살랑 깃털을 말려 주자 새끼 거위는 몸을 부르르 떨었지.

"삐, 삐?"

로렌츠가 인사를 건넸어.

 새끼 거위도 목을 쭉 빼고 풀잎피리 같은 소리를 내며 로렌츠에게 인사했지.
 "그래, 힘들게 알을 깨고 나오느라 수고 많았다. 우리 서로 잘 지내보자!"
 로렌츠는 새끼 거위를 어미 거위의 품에 되돌려주었어. 그런데 이게 어찌된 일인지 새끼 거위가 어미 거위의 품에서 벗어나 작은 날개를 파닥거리며 로렌츠에게 막 달려오는 거야.

"삐, 삐, 삐."

"이제 네 엄마한테 가야지."

로렌츠가 새끼 거위를 다시 따뜻한 어미 품에 놓았지만 소용이 없었어. 새끼 거위는 다시 로렌츠에게 달려왔지.

"그레틀! 이 야생 거위 좀 봐. 이 새끼 거위가 나한테 계속 오는 거 봤어?"

"네. 당신을 마치 엄마로 아는 것 같은데요."

"새끼 새들은 태어나자마자 맨 처음 보는 움직이는 물체를 엄마로 여기는 게 분명해. 본능적으로 그 얼굴을 각인하고 따르는 거지."

로렌츠는 여러 차례의 연구 끝에 각인이 어린 시절 내내 일어나는 것이 아니라, 태어난 지 몇 시간 안에 이루어진다는 걸 알아냈지.

그는 새끼 거위에게 마르티나라는 이름을 지어 주었어.

"난 이 녀석을 자식처럼 돌보며 관찰할 거야."

마르티나는 늘 로렌츠 주위를 맴돌았고 잠자리까지 파고들었지.

"마르티나! 꽉! 꽉! 여긴 내 침대야, 저리 가. 꽉! 꽉!"

콘라드가 둥지를 가리키며 침대에서 내몰면 마르티나도 지지 않고 소리쳤어.

"꽉! 꽉! 꽉!"

마르티나는 늘 엄마를 확인하고 싶어 했지. 그래서 로렌츠는 밥을 먹다가도 꽉! 꽉! 책을 보다가도 꽉! 꽉! 엄마를 찾는 새끼 거위의 소리에 대답해 주어야 했단다.

사람들은 그렇게 별나게 구는 로렌츠를 보며 웃고는 했어.
"하하하! 저기 로렌츠가 뒤뚱뒤뚱 거위처럼 걸어가네."
"새끼 거위랑 산책하는 거야. 호수에서 함께 수영도 하는데 뭘."
"난 비가 오는 날에 거위들과 풀숲에서 자는 모습도 봤다네."
"내가 본 것은 믿지 않을걸. 거위가 주는 벌레도 받아먹더라고."
"야생 거위들을 자식처럼 여기는 로렌츠는 비나 우박이 와도 야생의 거위들처럼 그대로 맞는 거야. 차마 거위들만 내버려 두고 혼자 오두막으로 피할 수가 없어서……."

그렇게 거위들과 함께 생활하며 로렌츠는 누구도 알지 못했던 그들의 참모습을 알게 되었어.

"거위는 가족 사랑이 유별난 새입니다. 거위 부부가 자식을 잃으면 예전에 독립했던 새끼 거위들이 부모 곁으로 돌아와 한동안 같이 머물며 부모를 위로해 준답니다. 배우자를 잃어버린 거위들도 부모 곁으로 돌아와 위로 받으려 하고요. 이 때 부모들도 돌아온 자식을 공격하거나 따돌리지 않고 따뜻하게 대해 줍니다. 또 결혼 후에는 상대방이 사라지지 않는 한 죽을 때까지 함께하지요. 자신의 배우자가 죽었을 때는 아주 상심하며 슬퍼하고요. 그런 모습들은 꼭 사람 같지 않나요?"

이런 노력과 관찰을 토대로 로렌츠는 《야생 거위가 알을 굴리는 행동에 나타나는 본능 동작과 자극에 의한 동작》이라는 책을 썼어.

"평생 그때처럼 연구가 즐겁고 행복한 적은 없었던 것 같아요. 연구와 생활이 완벽히 맞아떨어졌던 시기였죠."

사실 학자들 사이에서도 로렌츠는 인기가 많았어.

"자네가 알지도 모르겠지만 솔로몬의 마법 반지가 없어도 동물과 이야기를 나누는 학자가 있다네."

"타고난 동물들의 행동을 연구하는 로렌츠 이야기로군! 어떤 사람들은 그를 동물 심리학의 아인슈타인이라고 부르던데?"

"난 로렌츠의 책을 읽고 그의 팬이 되었지. 그런데 요즘에도 연구를 계속하는지 모르겠군."

 "1973년 노벨 생리 의학상을 받은 후엔 지구 환경에 관심을 쏟는 것 같지만, 지금도 여전히 동물들과 함께 지낸다네."
 "로렌츠에게 동물은 그냥 연구 대상이 아닌 게야. 소중한 친구이자 자연과 생명의 아름다움을 일깨워 주는 존재지."
 동물을 사랑하며 일평생을 연구에 바쳤던 로렌츠는 1989년에 세상을 떠났어. 그런데 그가 죽기 며칠 전, 야생 거위들이 로렌츠의 집을 찾아왔더래. 마치 로렌츠의 죽음을 알고 있는 것처럼 집 위를 빙빙 돌며 마지막 인사를 하더니 천천히 날아가더란다.

세계 최고 권위를 자랑하는 노벨상

1. 노벨상은 무엇일까?

노벨상은 스웨덴의 화학자, 알프레드 노벨의 유산을 기금으로 하여 1901년 제정된 상이야. 다이너마이트를 발명하여 전 세계 산업 발달에 기여하고 큰돈을 번 노벨은 '매년 인류의 복지에 공헌한 사람이나 단체에 상을 수여할 것'을 유언으로 남겼어. 그리고 유산을 스웨덴의 왕립 과학 아카데미에 기부했지.

노벨상

그의 유언을 따르기 위해 1900년 설립된 노벨 재단은 유산을 관리하면서 생긴 이익금을 상금으로, 1901년부터 노벨상을 수여하고 있어. 그리고 노벨 경제학상은 스웨덴 국립은행 300주년을 기념하며 1969년 신설되었다고 해.

수상 부분	수여 기관	제정된 시기
물리학상	스웨덴 왕립 과학원	1901년
화학상	스웨덴 왕립 과학원	1901년
생리학 및 의학상	카롤린스카 의학연구소	1901년
문학상	스웨덴 학술원	1901년
평화상	노르웨이 노벨평화상 위원회	1901년
경제학상	스웨덴 중앙은행	1969년

노벨상은 평화상을 제외한 5개 부분은 스웨덴의 스톡홀름 콘서트홀에서, 평화상은 노르웨이의 오슬로 시청에서 매년 노벨의 추모일인 12월 10일 수여하고 있단다.

2. 노벨상 수상자 중 유명한 사람은 누가 있을까?

우리에게 가장 친숙한 수상자는 김대중 전 대통령이야. 그는 2000년 한국과 동아시아에서 민주주의와 인권을 위해 노력한 공을 인정받아 한국인 최초로 노벨 평화상을 수상하였어.

또한 유명한 노벨상 수상자로는 물리학상과 화학상의 두 부문을 수상한 마리 퀴리, 부부가 함께 수상한 퀴리 부부 및 졸리오 부부, 문학 부분의 헤밍웨이, 평화상의 알베르트 슈바이처 등이 있어. 특히 마리 퀴리와 이렌 졸리오 퀴리는 모녀 사이였대.

3. 1973년 노벨 생리 의학상의 주인공들

독일의 동물학자인 카를 폰 프리슈는 60여 년 동안 꿀벌을 연구하였어. 특히 색과 형의 감각 연구(1915), 후각의 연구(1919), 언어와 춤의 연구(1923)는 획기적이었지. 연구에 따르면 꿀벌은 원을 그리거나 꼬리를 흔드는 율동으로 정보를 전달하는데, 그 신호는 꿀벌의 종류에 따라 다르며, 춤추는 방식으로 꿀이 있는 장소와 그 질에 관한 정보를 전한다고 해.

콘라드 로렌츠는 조류의 고정적 행동 양식을 연구하여 갓 태어난 오리와 거위의 각인 현상을 발견했어.

영국의 동물 행동학자인 니콜라스 틴베르헨은 콘라드 로렌츠와 함께 비교 행동학을 처음 만들었어. 그는 동물들에서 발견되는 사회적 행동 양식에 관한 연구를 하였어.

니콜라스 틴베르헨(왼쪽)과 콘라드 로렌츠(오른쪽)

🌸 로렌츠가 살면서 가장 후회했던 일은 무엇일까?

콘라드 로렌츠는 미완성의 회고록에서 나치의 국가 사회주의를 지지한 것을 후회했어. 그는 나치군으로 제2차 세계 대전에 참전했다가 소련군의 포로가 되어 13개의 러시아 포로 수용소에서 의사로 일했단다. 그는 포로를 진료할 때 동물 이야기를 들려주면서 향수병에 걸린 환자들의 마음까지 보살폈지. 훗날 그의 대표작이 된 《거울의 뒷면》, 《비교 행동학》의 토대가 되는 원고를 수용소 안에서 썼다고 해.

포로 수용소에서의 모습, 1944년

🌸 로렌츠의 관심을 끈 또 다른 동물은 무엇일까?

콘라드 로렌츠는 한 동물에 대해 3권이나 되는 책을 썼어. 바로 인간의 영원한 동반자 '개'에 관한 책이었지.

《인간, 개를 만나다》 - 개들이 어떻게 인간의 삶에 들어오게 됐는지부터 혈통에 따른 개들의 다양한 특성과 개들에 대한 오해와 진실을 그가 수십 년간 개들과 함께 생활하면서 겪은 일화를 통해 쉽고 재미있게 들려주고 있어.

《인간은 어떻게 개와 친구가 되었는가》 - 마치 인간 세계를 보는 듯 개들에 대한 놀랍고 흥미로운 이야기들을 엮은 책이야.

《개가 인간으로 보인다》 - 개 관찰기야. 개의 모습, 표정, 생활과 저자의 개에 얽힌 경험담을 실었지.

세상에서 가장 특별한 새 이야기

11

러시아 발레의 선구자,
차이콥스키의 백조의 호수

차이콥스키의 〈백조의 호수〉는 클래식 발레의 명작으로 손꼽혀.
하지만 처음 공연될 당시에는 크게 인기를 얻지 못했다고 해.
차이콥스키가 정신적·육체적으로 힘들었을 때
조카들을 위해서 연주한 짧은 음악극이
발레 음악의 지위를 높이는 데 기여하게 될 줄은 그도 몰랐을 거야.
백조들의 춤사위가 찬란하고
차이콥스키의 아름다운 곡이 흘러나오는 호수로 떠나볼까?

잔잔한 호수 위를 떠도는 백조를 보고 있노라면 어디선가 애달픈 바이올린 선율이 들려오고 백조처럼 사뿐사뿐 우아하게 춤추는 여자 무용수들이 나타날 것 같아. 바로 차이콥스키의 〈백조의 호수〉를 떠올리게 하지.

백조

흑조

하지만 1877년, 〈백조의 호수〉가 처음 상연되었을 당시의 반응은 아주 끔찍했다고 해. 차이콥스키가 다시는 발레 음악을 작곡하지 않겠다고 맹세할 정도였지. 무용수들의 춤곡 반주에 지나지 않았던 발레 음악의 지위를 높였다는 극찬을 받은 〈백조의 호수〉 속 작품들이 어떻게 탄생하게 되었는지 궁금하지 않니?

"엄마, 이런 멜로디는 어때요? 엄마의 피아노 소리를 듣다보니까 머릿속에서 이런 음악이 떠올랐어요."

"차이콥스키, 대단하구나. 정말 아름답고 우아한 선율이야."

어려서부터 음악을 매우 좋아하고 문학적 감수성이 예민한 차이콥스키는 어머니와 함께 피아노를 치고 음악에 대해 이야기하는 시간이 제일 즐거웠어.

　차이콥스키는 1840년, 러시아의 작은 도시에서 태어났어. 대부분의 러시아 사람들이 제대로 된 교육도 받지 못한 채 땅을 일구며 살았던 것에 비해 차이콥스키의 집은 아버지가 광산의 감독관으로 일하는 덕에 부유한 편이었다고 해.
　"차이콥스키는 꼭 여자아이 같아. 섬세하고 여려서 다른 아이보다 배는 신경을 써야 한다니까……."
　차이콥스키는 여러 형제 중에서 여동생 사샤와 자매처럼 어울렸고 어머니는 그런 차이콥스키의 성향을 잘 이해해 주셨지.

차이콥스키의 아버지는 더 좋은 일자리를 찾아 모스크바로 이사를 하기로 했어. 그런데 막상 도착한 모스크바에는 콜레라가 퍼져 있었고 아버지 일도 생각대로 풀리지 않았지.

"내 일자리가 이미 다른 사람에게 넘어가고 말았구나!"

결국 학업을 위해 차이콥스키만 모스크바에 남겨 놓고 가족들은 시베리아로 떠났단다. 그런데 얼마 지나지 않아 그만 어머니가 돌아가신 거야. 게다가 슬픔에 잠긴 그에게 아버지는 법학 공부를 강요하셨지.

"차이콥스키, 좋은 일자리를 얻으려면 법학을 공부해야 한다!"

하지만 차이콥스키는 법학보다 음악을 공부하는 게 좋았어. 연주와 작곡, 오페라를 익히며 많은 음악인과 어울릴수록 장래에 대한 고민을 떨칠 수 없었지.

"선생님, 오직 음악만 하며 먹고살 수는 없을까요?"

"차이콥스키, 러시아에서 음악인으로 사는 건 어렵단다."

러시아의 음악계에 좌절한 차이콥스키가 법률 학교를 졸업하고 관리가 되는 동안 러시아 음악계에도 변화가 일어났어. 왕실과 귀족들의 후원을 받은 안톤 루빈시테인이 페테르부르크 음악 학교를 세우고 협회를 만든 거야.

차이콥스키는 일을 그만 두고 음악 공부에 전념하기로 결정했어. 음악 학교를 졸업한 후에는 학생들을 가르치고 여러 음악가들과 교류하며 창작 활동까지 하느라 고단한 생활을 했단다.

> 보고 싶은 사샤에게
> 모스크바의 생활은 나에게 너무 힘들구나.
> 아무리 멀어도 네가 있는 곳에 가고 싶어.
> 나와 어머니, 네가 함께 했던 어릴 적, 그때가 그리워.
> 매일 밤, 어머니와 함께 쳤던 피아노 소리에 잠들지 못한단다.

결국, 모스크바 생활에 지친 차이콥스키는 결혼하여 멀리 떠난 여동생 사샤의 집으로 갔어.

"사샤, 이곳은 아주 좋구나. 작곡하기에 좋은 조용한 방과 수많은 책으로 둘러싸인 서재, 아름다운 시골 풍경과 사랑스러운 조카들이 있으니 참 행복하단다."

수줍은 차이콥스키는 사람들과 어울리는 대신 작곡에 전념했어.

"러시아 민속 음악은 아주 독특해요. 생명력과 열정이 가득하지요. 저는 그 독특한 리듬과 화음을 제 음악 속에 표현하고 싶습니다."

한때 차이콥스키의 음악은 러시아 전통 음악을 이어 나가려는 예술가들에게 환영받았어. 하지만 곧 그가 다양한 음악을 시도하자 이내 그를 향한 비난이 쏟아졌지.

"독일 음악이나 흉내 내는 차이콥스키의 음악은 이제 더 이상 들을 가치가 없네요."

아픈 몸으로 그 어느 때보다 힘들여 완성한 작품은 좋은 평가를 받지 못했단다.

어느 날, 호숫가를 산책하던 차이콥스키는 유유히 헤엄치는 백조들을 보고 문득 어머니가 해 주셨던 백조 이야기가 떠올랐어.

"백조들이 참 우아하게 움직이는구나! 후훗, 어머니의 이야기처럼 저 백조들도 아름다운 여인으로 변하겠지?"

집으로 돌아온 차이콥스키는 나무 조각으로 백조 모형의 장난감을 만들었어. 그리고는 피아노 앞에 앉아 조카들에게 짧은 음악극 형태로 옛날이야기를 들려주었지. 바로 〈백조의 호수〉의 토대가 되는 춤곡이었단다.

"옛날 독일의 어느 나라에 지크프리트 왕자가 살고 있었대."

피아노 소리와 함께 들려오는 나긋나긋한 이야기는 이내 아이들의 관심을 끌었어.

"왕자는 깊은 숲으로 사냥을 나갔다가 마법에 걸려 백조로 변한 오데트 공주를 만났단다. 공주에게 한눈에 반한 왕자는 오데트를 자신의 신붓감을 찾기 위해 열리는 무도회에 초대했지."

"나도 왕자님이 무도회에 초대해 주면 좋겠다."

"삼촌, 나도 무도회에 가고 싶어요."

어느새 함께 음악극을 듣고 있던 사샤가 아이들을 조용히 시키자 차이콥스키는 이야기를 계속 했지.

"그런데 나쁜 마법사 로트바르트가 이 모습을 보고 있었던 거야. 그는 마법을 부려 오데트 대신 자신의 딸 오딜을 무도회에 보냈어."

"우아, 정말 나쁘다! 그래서 어떻게 됐어요?"

"쉿, 조용히 해. 너 때문에 이야기가 자꾸 끊어지잖아."

차이콥스키는 다시 피아노를 치면서 이야기를 이어 갔단다.

"그런 줄도 모르고 왕자는 오딜을 오데트로 착각하고 그만 약혼을 발표했지. 너희들은 왕자가 어떻게 하면 좋겠니?

"모든 사실을 알게 된 왕자가 오데트한테 사과할 것 같아요."

"그럼 오데트는 어떻게 했을까?"

"왕자의 약혼 소식을 알고 슬퍼하면서 백조가 되어 날아가요."

아이들은 이야기에 푹 빠져 들었어.

마침 볼쇼이 극장으로부터 발레 음악을 작곡해 달라는 부탁을 받은 차이콥스키는 〈백조의 호수〉를 발레곡으로 만들기로 했단다.

"사샤, 희미한 달빛이 비치는 호수에서 일어나는 백조와 인간의 사랑 이야기를 생각해 봐. 무용수들의 몸짓만으로는 극을 완성할 수 없어. 이런 신비스러운 이야기를 더욱 북돋을 수 있는 것은 음악밖에 없지. 음악에 맞춰 무리지어 춤추는 백조들을 한번 상상해 봐."

"오빠, 정말 기대돼요! 틀림없이 아름다운 작품이 될 거예요."

차이콥스키는 자신의 모든 역량을 아낌없이 쏟아 부어 1876년 4월, 〈백조의 호수〉를 위한 49개의 곡을 완성해 냈어.

1877년, 드디어 〈백조의 호수〉는 볼쇼이 발레단에 의해 무대에 올랐지만 아쉽게도 공연은 성공하지 못했어.

"〈백조의 호수〉를 보셨나요? 제가 보기엔 아주 형편없던데……."

"무용수들의 안무도 별로고 의상이나 무대 장치도 수준 이하였지. 내가 듣기엔 오케스트라의 연주까지 이상하던걸."

"저만 그런 게 아니었네요. 차이콥스키의 음악은 춤추기 위한 음악이 아닌 것 같아요. 음악 자체로는 괜찮은 것 같은데 발레 공연용으로는 난해하지요."

그 당시 사람들은 대부분 발레 음악을 그저 우아한 동작을 위한 배경 음악 정도로 생각했기에 〈백조의 호수〉에 담긴 차이콥스키 음악의 진가를 알아보지 못했지. 그가 너무 뛰어났기 때문에 시대를 앞서간 것인지도 몰라.

"사샤, 나는 로맨틱한 전설에서 따온 이야기를 바탕으로 환상적인 음악 세계를 펼치고 싶었어. 음악으로 등장인물의 심리를 그려 내고 성격까지 살릴 수 있게 말이야. 감동적인 무대를 연출할 수 있게 웅장하고 수준 높은 교향악까지 넣었거든. 발레 음악을 무용 반주가 아닌, 무용과 대등한 지위로 끌어 올리고 싶었는데……."

"오빠, 너무 실망하지 마. 처음한 공연이잖아. 더 나아질 거야."

하지만 그 뒤로 이어진 공연도 차이콥스키의 마음에 들지 않았어.

"모든 게 엉망이야! 무용수들은 춤추기에 어려운 음악이라며 계속 짜증이나 내고."

"어쩌겠어요? 그런 발레 음악에 익숙한 사람들인데. 오빠의 음악이 지나치게 뛰어난 거예요."

"그렇다고 그런 식으로 연출을 해? 잘 알지도 못하면서 가혹한 평가만 해대고! 이제 두 번 다시 발레 음악은 작곡하지 않을 거야."

그렇게 무대에 올려진 〈백조의 호수〉는 결국 실패하고 말았단다. 발레 음악에 도전한 차이콥스키는 깊이 실망했고 발레단도 몇 번 더 〈백조의 호수〉를 공연하더니 슬그머니 막을 내려 버렸지.

하지만 발레 음악을 향한 차이콥스키의 도전은 멈추지 않았어. 비록 다시는 발레 음악을 하지 않겠다는 다짐대로 한동안 멀리 했지만 말이야. 그는 유명한 동화를 각색하여 〈잠자는 숲속의 미녀〉, 〈호두까기 인형〉과 같이, 오늘날 차이콥스키의 3대 발레 음악이라고 손꼽히는 작품들을 연달아 완성해 냈지.

"브라보! 브라보!"

환상적인 공연을 즐긴 사람들이 모두 일어나 너도나도 꽃다발을 무대 위로 던지며 환호했어.

1893년, 차이콥스키가 사망한 뒤 안무가 미리우스 프티파는 볼쇼이 극장에서 〈백조의 호수〉와 관련된 자료들을 발견했어. 단박에 그 뛰어난 가치를 깨달은 그는 약간의 수정을 거쳐 추도 공연의 레퍼토리로 무대에 올렸단다. 그 후 사람들은 점점 더 〈백조의 호수〉에 빠져들었고 매 공연이 대성공을 거둔 거야.

"무도회 장면에서 나온 여러 나라의 춤곡은 정말 대단하지 않나?"
"왕자가 공주에게 용서를 구할 때 흐르던 선율도 소름끼치도록 아름다웠지. 차이콥스키의 천재성이 그대로 드러나더군."

〈백조의 호수〉는 결말도 행복하게 바뀌었어. 왕자와 공주가 진실한 사랑의 힘으로 로트바르트의 마법을 깨고 결혼하는 걸로 말이야.

오늘날 〈백조의 호수〉는 100년간 안무가들에게 지배 받던 발레 음악의 지위를 높였다는 평가를 받고 있어. 특히 장대한 규모와 다채로운 음악으로 차이콥스키의 발레 음악 중 가장 뛰어난 작품으로 인정받으며 많은 사람들의 마음을 사로잡고 있지.

무대 위의 종합 예술, 발레

1. 귀족의 춤으로 발전한 발레

발레라는 말은 '춤을 추다'는 뜻의 이탈리아어 'ballare'에서 유래하였어. 르네상스 시대 이탈리아의 궁정 연회에서 귀족들이 무언극과 가면극에 사교춤 등을 합해 춘 궁중 무용이었다고 해. 이탈리아 출신 카트린 드메디시스가 프랑스 앙리 2세의 왕비가 되어 프랑스 궁정에 이탈리아의 궁중 무용을 소개하였고 이것을 계기로 발레가 전 유럽으로 퍼져 나간 거야.

발레 발전에 많은 기여를 한 사람은 루이 14세야. 발레 애호가인 그는 직접 발레를 배워 공연의 주역을 맡을 정도로 열정이 대단했는데, 뛰어난 예술가를 궁정으로 자주 초청했고 1661년에 무용가 양성 기관인 왕립 무용 학교를 세웠어. 이것이 현재의 파리 오페라 극장으로 발전하여 세계적인 발레리나(여성 무용수), 발레리노(남성 무용수)를 키워내는 데 큰 몫을 하였지.

〈밤의 발레〉속 루이 14세(1653년)

2. 클래식 발레의 발전

발레는 원래 여성들의 참여가 금지된 남자들만의 춤이었어. 여성 무용가가 최초로 여성 역할을 연기한 것이 1681년이었지. 그러던 것이 안무가 피에르 보샹이 클래식 발레의 기초가 된 '발의 5가지 포지션'을 창안하고 무용보를 발명하면서 직업적 무용가가 등장하고 무용 기술도 빠르게 발전하게 된 거야. '직접 추는 춤'에서 무대 중심의 '감상하는 춤'으로 발전한 것이지.

또한 '발끝으로 서서 추는 춤', '체중 없이 날아다니는 것 같은 춤'을 처음 선보인 마리 탈리오니, 파니 엘슬러, 카를로타 그리시 등의 발레리나 등에 의해 오늘날 우리가 '발레' 하면 떠오르는 클래식 발레가 발전했단다.

에드가 드가의 발레 수업
(1873~1876년경, 오르세 미술관)

에드가 드가의 발레 스타
(1878년경, 개인 소장)

3. 러시아 발레의 발전

러시아에서 발레가 발전하게 된 것은 1789년 프랑스 대혁명 때문이었어. 왕실 후원금에 의존하던 발레는 대혁명으로 왕실이 사라지자 설 자리를 잃어버렸지.

이 혼란 속에서 발레가들에게 새로운 공간을 마련해 준 것은 러시아였어. 러시아 왕실은 프랑스 발레가들을 초청하여 공연을 맡겼고, 이를 기점으로 러시아 발레가 급격히 성장하게 된 거야.

특히 서유럽을 모델로 러시아의 근대화에 앞장선 표트르 대제는 발레 후원에 앞장섰지. 게다가 마리우스 프티파는 차이콥스키와 힘을 합해 러시아 발레에 뚜렷한 민족적 색채를 더했고 〈잠자는 숲속의 미녀〉, 〈호두까기 인형〉을 만들어 냈어.

러시아 궁정에서 인기 있는 발레 음악은 무엇일까?

러시아 궁정에서 인기 있는 발레 음악은 〈잠자는 숲속의 미녀〉라고 해. 공연 시간이 4시간 가까이 되는 것으로 유명하지. 마리우스 프티파와 차이콥스키가 손을 잡고 만든 이 작품이 처음 무대에 올랐을 때 관객들의 반응은 〈백조의 호수〉보다 좋았고 시간이 갈수록 더 인기를 모았어. 하지만 1893년 세상을 떠난 차이콥스키는 〈잠자는 숲속의 미녀〉가 해외에서 대성공을 거두는 순간은 지켜볼 수 없었다고 해.

〈잠자는 숲속의 미녀〉의 초연 모습(1890년)

매해 연말이면 우리를 찾아오는 〈호두까기 인형〉

연말이면 전 세계 클래식 공연장에서 선보이는 공연이 있어. 바로 차이콥스키의 발레 〈호두까기 인형〉이지. 누구나 쉽게 이해할 수 있는 줄거리, 과자의 나라를 표현한 환상적인 무대 등 여러 가지 이유가 있겠지만 가장 매력적인 것은 바로 차이콥스키의 음악일 거야. 그의 다른 발레 음악 작품에 비하면 길이도 짧고 가벼운 음악으로 진행되지만, 밝고 달콤한 선율은 그만큼 친숙한 느낌을 줘. 사탕 요정의 춤에 흘러나오는 곡은 왈츠로 유명한 차이콥스키의 곡 중에서도 손꼽을 만한 작품으로 평가받고 있단다.

〈호두까기 인형〉의 초연 모습(1892년)

세상에서 가장 특별한 새 이야기

12

전 세계의 사랑을 받는 닭,
KFC

닭은 오래 전부터 인간과 가장 가까운 새였어.
십이지에 등장하고 관련된 속담도 많을 만큼 친숙하지.
닭은 퇴화한 날개 대신 튼튼한 두 다리를 가진, 새 같지 않은 새야.
이런 닭이 전 세계 사람들의 사랑을 받게 된 데에는
어떤 할아버지의 노력이 담겨 있어.
매일 밤이면 우리를 유혹하는 치킨을 유행시킨
할아버지의 이야기를 들어 볼까?

우리에게 가장 익숙한 새는 무엇일까? 아마 닭일 거야. 닭은 아주 옛날부터(기원전 6~7세기경) 알이나 고기를 얻기 위해 가장 많이 기르던 날짐승이었거든. 아마 닭이라는 말보다 '치킨'이라는 말이 더 친숙할 거야.

그런데 치킨이라는 말을 전 세계적으로 널리 알린 인물이 66세의 할아버지였다는 것을 아니?

이 할아버지는 바로 하얀 양복에 나비넥타이, 지팡이, 하얀 수염으로 상징되는 커넬 할랜드 샌더스, 켄터키 프라이드치킨(KFC) 창업주야. 미국인의 입맛을 사로잡고 나아가 세계 여러 나라의 음식 문화에 영향을 끼친 샌더스 할아버지의 이야기를 알아보도록 하자.

수탉(좌)과 암탉(우)

샌더스는 1890년, 미국 인디애나주의 작은 시골 마을에서 3남매 중 장남으로 태어났어. 6살 때 아버지를 잃었고, 가족들을 부양하기 위해 끊임없이 일하시는 엄마를 대신하여 동생들을 돌보았지.

"샌더스, 오늘은 엄마가 늦게까지 일해야 돼. 공장 일이 많이 밀렸거든."

힘들게 일하시는 엄마를 위해 무엇이라도 하고 싶었던 샌더스는 고사리 같은 손으로 호밀빵을 만들어 공장으로 갔어.

"세상에! 이 빵을 네가 만들었다고? 네 엄마가 아들이 만든 빵이 맛있다고 하기에 그냥 하는 말인 줄 알았더니 정말 맛있네."

　엄마와 그녀의 동료들은 눈을 반짝거리며 웃고 있는 그를 칭찬해 주었어. 음식을 만들어 사람들에게 대접하는 즐거움, 샌더스가 평생에 걸쳐 추구했던 가치가 세워지는 순간이었지.
　샌더스는 20대때까지 여러 직장을 옮겨 다니며 열심히 일했어.
　"저에게 무슨 일이든 맡겨만 주십시오! 그동안 전 보일러공, 열차 기관사, 보험 설계사, 타이어 판매 등 다양한 일을 했습니다."
　"자네가 그 책임감 강하고 부지런하다는 샌더스인가? 아주 칭찬이 자자하던데. 당장이라도 좋으니 같이 일해보자고!"
　"감사합니다."
　그는 어떤 일이든지 하찮게 여기지 않고 최선을 다했지.

하지만 그치지 않는 불운 때문에 샌더스는 여러 번 실패했어. 그럼에도 불구하고 그는 실망에 빠지지 않고 실패로부터 지혜를 얻으려 노력했지.

하루는 석유 대리점 지배인이 샌더스에게 한 가지 제안을 했어.

"샌더스, 혹시 켄터키주의 주유소를 하나만 운영해 보지 않겠나? 포드 자동차가 많이 만들어지고 잘 팔리니까 주유소는 아주 잘 될 거야. 내가 장담하겠네."

"물론이지요. 기꺼이 하겠습니다."

샌더스는 누구보다 열심히 일했어. 어떤 차든 주유소로 들어오면 재빠르게 달려가 밝게 인사하고는 유리창을 반짝반짝 닦아 주었지.

"기름을 넣어 드릴까요?"

샌더스의 주유소는 친절한 서비스를 제공한다는 입소문이 나면서 날로 번창했지만, 좋은 때는 아주 짧았어.

제1차 세계 대전이 끝나고 세계적인 경제 공황의 영향으로 미국의 경제 상황이 갑자기 나빠졌어. 일자리와 먹을 것을 찾아다니는 사람들이 긴 행렬을 이루었고 주유소들도 큰 타격을 받았던 거야.

그 와중에 생활에 꼭 필요한 기름을 구하려고 찾아와서 사정하는 사람들을 샌더스는 외면하지 못했어. 그는 기름값을 받을 수 없다는 것을 알면서도 기름을 빌려주었고, 직원들은 샌더스를 원망했지.

"사장님, 외상으로 기름을 다 주면 어떡해요! 우리도 부족한걸."

"그래도 어쩌겠나. 기름이 없으면 아무것도 끓여 먹지 못할 텐데."

결국, 그의 지나친 친절로 주유소는 문을 닫았지만 샌더스는 굴하지 않았어.

"실패와 좌절은 온몸으로 겪는 인생 공부야. 내가 이제까지 걸어온 길은 결코 하찮지 않아!"

다음해, 샌더스는 그의 남다른 서비스 정신과 성실성을 눈여겨본 셸오일로부터 연락을 받게 됐어.

"샌더스, 당신에게 새로운 기회를 주고 싶군요. 켄터키주 남서부의 코빈이라는 마을에서 다시 주유소를 해 볼 생각 없나요?"

"그곳이라면 켄터키주의 국도가 남쪽과 동쪽으로 갈라지는 분기점이니까 장거리를 운전하기 전에 기름을 필요로 하는 자동차가 많이 몰리겠군요."

샌더스는 주저 없이 셸오일 측의 제의를 받아들였어. 개업 후 그는 예전에 주유소에서 일할 때보다 운전자들이 더 지치고 허기져 보이는 것을 발견하고는 새로운 서비스를 생각해 냈지.

'차에 기름이 필요한 것처럼, 운전자에겐 식사와 휴식이 필요해!'

샌더스는 당장 창고처럼 사용하던 주유소 한 귀퉁이에 작은 공간을 만들고는 어릴 적 어머니가 가르쳐 주신 방법대로 요리한 음식과 차를 팔기 시작했어. 그중에서도 치킨은 불티나게 팔려 금방 동이 날 정도였지. 그는 자신의 요리를 맛있게 먹는 사람들을 보며 더할 나위 없는 보람과 기쁨을 느낄 수 있었어.

"그래, 바로 이거야!"

샌더스는 주유소 맞은편에 자그맣게 '샌더스 카페'를 열었어. 그리고는 음식뿐만 아니라 식당을 운영하기 위한 정보를 배우기 위해 어디든지 찾아가는 수고를 마다하지 않았고, 그의 노력은 빛을 발했지.

"이것 좀 보게. 치킨이 겉은 바삭한데 속은 아주 부드럽고 촉촉해."

"제발 자리를 좀 더 만들어 주세요! 올 때마다 빈자리가 없어요."

샌더스 카페는 언제나 북적거렸어. 깔끔하고 맛있는 음식과 진심으로 손님을 대하는 서비스 정신 덕분에 샌더스 카페는 지역의 명물이 되었지. 결국, 샌더스는 주유소를 그만두고 레스토랑과 모텔을 운영하는 데 집중하기로 했어. 자신의 음식과 서비스에 남다른 자신이 있었던 샌더스는 입버릇처럼 말했지.

"요리가 맛없었다면 음식값을 내지 않으셔도 됩니다!"

그의 호언장담처럼 일은 술술 잘 풀렸지만, 어린 아들을 병으로 잃고 말았어. 샌더스는 슬픔을 잊기 위해 더욱더 일에 매달렸지.

"불이야! 샌더스의 레스토랑과 모텔에 불이 났어요!"

모든 것을 바쳐 키운 것들이 하나도 남김없이 하루아침에 불타버리자 자신에게 닥친 불운에 절망하고 분노한 샌더스는 다시는 식당을 하지 않겠다고 다짐했어. 하지만 그의 요리는 이미 많은 사람들에게 힘이 되고 있었고, 샌더스 카페의 음식을 그리워하는 사람들이 그를 격려하며 다시 일어날 힘을 주었지.

'그래. 운명은 어차피 내 편이 아니었어. 하지만 내게는 좋은 손님들이 있고, 나는 더 많은 사람들에게 행복을 줄 수 있어!'

요리와 음식 서비스야말로 자신이 가장 잘할 수 있고 보람 있는 일이라는 것을 깨달은 샌더스는 대규모 레스토랑을 다시 지었어.
　그는 잊지 않고 찾아와 주는 손님들을 위해 보통 닭을 튀기는 데 사용하는 무쇠 팬이 아니라 조리 시간을 줄일 수 있는 압력솥을 사용했어. 오랜 연구 끝에 닭을 튀기기에 가장 적합한 압력과 시간을 알아내 직접 개발한 압력 튀김 기계였지. 게다가 어머니에게 물려받은 조리법에 자신만의 비법을 첨가한 비밀의 황금 레시피로 '프라이드 치킨'의 맛을 완성해 냈어.

하지만 또다시 시련이 닥쳤어. 1950년대 산업화가 가속화되면서 미국 전역의 도로들을 새로 정비하는 정책이 시행되자 레스토랑을 찾는 운전자들이 줄었고 샌더스는 그의 전부인 레스토랑을 헐값에 처분해야 했지.

"아~, 이제 어찌해야 하나? 25년 노력의 대가가 파산이라니……."

어느덧 주름이 깊게 팬 할아버지가 된 샌더스는 가난했던 자신의 어린 날을 떠올렸어. 그리고 남은 인생을 걸 큰 결심을 하게 된 거야.

"가진 돈이라곤 100달러뿐이지만, 다시 시작할 거야. 나에겐 10년 동안 개발한 황금 조리법과 닭을 가장 맛있게 튀길 비법이 있잖아?"

샌더스는 곧 자신의 낡은 승용차에 압력솥을 싣고 차안에서 먹고 자는 생활을 하며 미국 전역의 음식점을 찾아다녔어.

"제가 조리법과 양념을 제공겠습니다. 대신 그 대가로 일정 금액의 로열티를……."

하지만 말이 채 끝나기도 전에 샌더스는 늘 쫓겨나기 일쑤였어.

"그깟 양념이 얼마나 특별하다고. 그 대가로 돈을 내란 말이야?"

"당신, 지금 제 정신이오? 도대체 그게 말이 된다고 생각하쇼?"

쫓겨나고 또 쫓겨나기를 1008번! 샌더스는 쉽게 포기할 생각이 없었어. 자신의 비법을 프랜차이즈화 하기 위해 온 힘을 쏟았지.

'샌더스 카페에서 인기가 있었다면 다른 도시라고 해서 안 될 리가 없어. 사람들의 입맛은 다 비슷하니까…….'

드디어 1009번째로 샌더스의 설명을 들은 친구 피터 허먼이 고개를 끄덕였어.

"자네 손맛은 인정할 수밖에 없지. 그 비법을 알려 주게나. 그러면 치킨 한 조각에 4센트씩을 주겠네."

마침내 1008번의 거절을 이겨 내고 샌더스의 비밀 양념과 조리법이 팔린 거야. 그 후 샌더스는 사업 경험이 풍부했던 피터 허먼과 힘을 합쳐 회사를 키워 나갔어.

"손님을 즐겁게 대접하는, 남부 지역 특유의 따뜻하고 푸짐한 마음을 '켄터키'라는 이름에 담아 보는 게 어떤가?"

허먼은 샌더스의 치킨에 '켄터키 프라이드치킨(Kentucky Fried Chicken, KFC)'이라는 이름도 붙여 주었지. 그의 아이디어는 그뿐만이 아니었어.

"자신 있는 것 위주로 메뉴를 줄이고 빙글빙글 돌아가는 바구니 모양의 대형 광고물을 가게 앞에 설치해 보자고! 사람들의 눈길을 끌 수 있을 거야."

1952년, 샌더스는 첫 번째 KFC 프랜차이즈 점포를 열고 한 가지 원칙을 세웠단다.

"저는 오직 청결한 식당과만 프랜차이즈 계약을 맺겠습니다!"

첫 해는 단 7건의 계약뿐이었지만, 허먼이 동업자이자 후원자로 큰 도움을 주면서 샌더스의 치킨은 큰 인기를 끌었고 가맹점 수가 폭발적으로 늘어났어.

잘 알다시피, 그 후 KFC는 전 세계를 대표하는 패스트푸드 브랜드가 되었어. 한 해 동안 팔린 켄터키 프라이드치킨을 한 줄로 이으면 지구를 11바퀴나 돌 수 있을 정도란다.

더 나이가 들자 샌더스는 전문가들에게 경영을 맡기고 남은 생을 봉사 활동과 직원들 교육에 매진했어. 죽은 후에도 미리 찍어 놓은 비디오를 통해 강의를 할 정도였지. 그는 전 세계를 돌며 강의를 할 때 사람들에게 이런 질문을 하곤 했어.

"많은 사람들이 나에 대해 이야기할 때 갑자기 큰 부자가 된 사람이라고 하는데요. 글쎄요, 과연 그럴까요?"

수많은 좌절을 겪었지만, 일평생을 근면 성실했던 샌더스! 그는 많은 장학금을 주었지만, 담배를 피우거나 술을 마시며 인생을 낭비하는 학생에게는 한푼도 주지 않았어. 대신 이런 조언을 해 주었지.

"인생이란, 실패와 좌절을 통해 온몸으로 공부하는 것입니다. 당신이 이제껏 살아온 인생이 어떻든지 절대 하찮은 것이 아님을 기억하세요!"

1980년 12월, 샌더스는 거의 전 재산을 학교와 교회, 여러 자선 단체에 기부하고는 세상을 떠났어. 샌더스의 신화적인 창업 이야기는 그를 유명하게 만들었지만, 오늘날 미국인들이 그를 잊지 않고 기억하는 이유는 봉사와 기부 정신 때문일 거야. 그런 샌더스에게 미국인들은 '패스트푸드의 아버지'라는 이름을 지어 주고 사랑과 존경을 보낸다고 해.

켄터키 프라이드치킨의 탄생

1. 세계 대공황

생산은 너무 많은 반면 소비는 너무 적어 사람들이 일자리를 잃고 경제적으로 몹시 어려워지는 상황을 공황이라고 해. 특히, 1929년에 시작되어 전 세계를 덮친 공황은 그 정도가 매우 심했기 때문에 '세계 대공황'이라고 부르지.

제1차 세계 대전 동안 미국은 각종 군수 물자를 팔아 경제가 빠르게 성장했어. 하지만 전쟁이 끝나자 많은 공장이 문을 닫았고 경제는 큰 어려움에 빠졌지. 결정적으로 1929년 10월, 주식 가격이 폭락하면서 불경기가 심각해지자 이는 전 세계로 퍼져 나갔어. 많은 사람들이 먹고살기 힘들어져 무료 급식을 받으려는 줄이 끝을 모르고 이어졌으며, 굶어 죽는 사람들도 생길 정도였지.

무료 급식소에 줄을 선 사람들

경제가 멈추자 정부가 문제를 해결하기 위해 적극적으로 시장에 개입했어. 경제 회복을 약속하며 대통령에 당선된 프랭클린 루스벨트는 남는 농산물을 사들여 가격이 떨어지는 것을 막고, 테네시 강을 막아 발전소로 쓸 수 있도록 댐을 만들었지. 정부가 일을 벌여 사람들의 일자리를 만들고, 돈을 번 사람들이 돈을 쓰고, 돈을 번 기업들이 더 많은 사람들을 고용하면서 미국은 대공황에서 벗어날 수 있게 된 거야.

세계 대공황 극복을 위해 '뉴딜 정책'을 실시한 프랭클린 루스벨트

2. KFC의 고향, 켄터키주는 어떤 곳일까?

켄터키주는 미국 중남부에 위치하며 프랭크퍼트를 주의 수도로 해.
켄터키주를 유명하게 만든 사람으로는 5달러 지폐에 등장하는 제16대 대통령 에이브러햄 링컨이 있어. 그는 켄터키주의 하딘 출신이야.

켄터키 주의 위치

또한 할랜드 샌더스가 '샌더스 카페'를 처음 열었던 코빈도 켄터키주의 남서부 지역에 위치했어. 켄터키주의 루이빌은 현재 KFC 본사가 있는 곳으로, 미국에서 가장 잘 팔리는 포드 트럭이 주로 생산되는 곳이기도 해.

3. 아이들의 산타클로스, 할랜드 샌더스

샌더스는 외모도 산타클로스와 비슷했지만 산타클로스 역할을 좋아했어. 그는 "가장 기쁜 일은 어린이들한테 산타클로스 대접을 받는 것입니다."라는 말을 즐겨 했지.

산타클로스를 연상시키는 할랜드 샌더스의 모습

샌더스 카페를 운영하던 시절, 지역의 고아원이 지원금 부족으로 문을 닫게 될 형편이라는 걸 알게 된 샌더스는 자신이 기부금을 내겠다고 나섰어. 그런데 알고 보니 고아원을 유지하기 위해 필요한 돈은 자신이 가진 돈을 훨씬 웃도는 거액이었던 거야. 결국 샌더스는 자신이 번 돈을 몽땅 털어 넣고 은행에서 빚까지 져가면서 고아원을 살려 냈다고 해.

🌸 커넬 할랜드 샌더스가 된 까닭은 무엇일까?

'커넬(colonel)'은 대령 정도의 군대 지휘관을 공경하는 뜻으로 부르는 칭호야. 1935년, 샌더스는 켄터키주 정부로부터 커넬이라는 명예 호칭을 수여받아 커넬 할랜드 샌더스가 된 것이지. 당시 켄터키주에서는 지역에 공헌한 일이 많은 인물에게 명예와 함께 커넬이라는 이름을 주었어. 그래서 샌더스 외에 커넬이라는 이름을 가진 사람이 몇 명 더 있다고 해. 훗날 샌더스는 '커넬'이라는 이름을 받은 사람들을 모아 자선회를 만들고, 매년 일정액을 모아 지역 발전 기금으로 내놓기도 했어.

커넬 할랜드 샌더스의 초상화

🌸 오뚝이 정신의 커넬 할랜드 샌더스

아랫부분을 무겁게 하여 아무렇게나 굴려도 오뚝오뚝 일어서는 장난감을 오뚝이라고 해. 그래서 아무리 넘어져도 다시 일어선다는 것을 흔히 '오뚝이 정신'이라고 표현하지.

일곱 번 넘어져도 여덟 번 일어선다는 뜻으로, 여러 번 실패하여도 굴하지 아니하고 꾸준히 노력하는 것을 칠전팔기(七 일곱 칠, 顚 엎드러질 전, 八 여덟 팔, 起 일어날 기)라고 해.

삼전사기, 오전육기, 육전칠기, 팔전구기라는 한자성어도 모두 같은 뜻을 담고 있지. 1008번 실패해도 1009번 일어난 커넬 할랜드 샌더스는 오뚝이 정신의 대표적인 인물이라고 할 수 있겠지?